情迷
大溪地

周芬娜
著

自序

環遊世界一直是我最大的人生夢想之一，我每年總會找機會至少去一個新的國家或地方，希望在有生之年行遍天下。這本書中所記載的，是我最近這五年來（二〇一三－二〇一八）來的人生行腳，去的最多的是歐洲，其次為東南亞，亞洲的日本和台灣又次之。這是我為北美《品雜誌》（Distinctive Taste）的《寰宇縱橫》專欄所寫的文章，現在終於可以結集出書了。

不同於我以前的作品的是，這是一本內容包羅萬象的遊記，雖然美食仍是一個重點，但也著重於當地歷史文化和觀光景點的介紹，而不只是以品嘗異國料理為主的美食遊。我的旅遊方式多半是自助旅遊，有時也搭遊輪或參加旅行團。自助旅遊是定點的個人深度旅遊，優點是玩得盡興，缺點是走不了太遠，一次只能去一兩個城市。搭遊輪或跟團旅遊的優點是：有專業導遊講解，一次可以去好幾個國度或城市；缺點是蜻蜓點水，走馬看花，玩得不盡興。不過這兩種旅遊方式相輔相成，讓我在五年間可以去超過二十個國家或地方，集結成這本小書。

每覺得人生乏味時，我就去旅行，鼓舞一下低落的心情。除了「讀萬卷書，行萬里路」外，那些光怪陸離的眾生相，精彩紛呈的異國食味，會使我低落的心情高昂起來，覺得人生有活下去的價值與意義。其中玩得最快樂的是自助旅遊大溪地，當地鮮潔的氧氣，生態保護周到的海洋，豐富的人情味，真像個人間天堂，令我精神充沛，樂而忘返，而忍不住想要終老是鄉。玩得最不快樂的是跟團旅遊越南，不專業的導遊，差勁的行程，咬人的毒蚊子，潮濕炎熱的天候，讓我不時想到「在家千日好，出外一時難」，幾度想中途開溜。

西班牙的巴薩隆納則像我想像的一樣美好，充滿藝術氣息，菜肴也美味，物價合理，是另一個我想長居的城市。印尼的雅加達處處安檢，聞到恐怖主義的氣息，是個一去就想逃離的城市。蘇聯聖彼得堡的冬宮和正宗羅宋湯使我回味無窮，忍不住要為文以記，並探索凱撒林大帝精彩的一生。日本長野縣的溫泉和美食，曾使我賓至如歸，寵辱皆忘，並意外發現那就是川島芳子的故鄉。海南島的冬天很晴暖，不但風景美，飲食風味亦佳，使我不禁寫了一篇《海南之食》來做紀念。我並發現它就是蘇東坡的貶謫地之一，島上處處有他的遺跡。僻處波羅的海的塔林市，是愛沙尼亞的首都，就像溪邊浣紗的西施般的令人驚艷，同時也發現它就是Skype的發源地。

旅行就是這樣：處處有驚喜，令人渾然忘卻旅途的困頓。因此我還要繼續的旅遊下去，讓生命充滿了驚喜，人生充滿了希望。（二〇一八年五月一日，加州矽谷）

目次

聖彼得堡與正宗俄國菜

我最近終於去了一趟嚮往已久的聖彼得堡（St. Petersburg），在那裡有兩天的停留，不但參觀了著名的凱薩琳宮（Catherine Palace）、冬宮（Winter Palace），並吃了一頓正宗的俄國大餐。

聖彼得堡（St. Petersburg）可說是前蘇聯最美麗的城市，充滿了巴黎的藝術氣息，截然不同於莫斯科的傳統舊俄風情。聖彼得堡曾是舊俄的最後一個王朝——羅曼諾夫王朝（Romanov，一六一三－一九一七）——的首都。在一七世紀初原只是一個俄羅斯北邊的無名邊城，在短短的三〇〇年之間能由一個荒煙蔓草的海邊沼地，發展成蘇聯的第二大城，和最優雅美麗的城市，那要歸功於三位有魄力和遠見的君主持續不斷的建設：彼得大帝（Peter the Great，一六七二－一七二五）、伊麗莎白女皇（Queen Elizabeth，一七〇九－一七六二），和凱薩琳大帝（Catherine the Great，一七六二－一七九六）。

凱薩琳宮令人覺得有如置身巴黎

彼得大帝發動了俄國與瑞典的戰爭，爭取到波羅的海的控制權，並在涅瓦河（Neva River）的出海口建造了聖彼得堡。他不但將首都由莫斯科搬來這裡，更在此建立了強大的海軍武力，這是此城以他為名的原因。至於伊麗莎白女皇，她是彼得大帝的最小的女兒，美貌出眾，精明能幹。由於她曾在歐洲生活過一段時間，她非常注重都市規劃及建築風格，因而奠定了聖彼得堡的放射性道路規劃的根基。至於雅好藝術的凱薩琳大帝，則建築了舉世聞名的「凱薩琳宮」，和藝術收藏豐富的「冬宮」。

第一天早上，我們參觀了巴洛克風格的「凱薩琳宮」（Catherine Palace）。此

凱薩琳宮的巴洛克風格

宮位於聖彼得堡郊區，佔地廣袤。外觀藍白相間，優雅壯麗，我乍看之下還以為我到了巴黎。此宮內部則金碧輝煌，珍寶匯集，像是走進了一個由黃金、琥珀、荷蘭藍瓷、中國青瓷所堆砌而成的花花世界，目迷五色，視覺上得到極度的享受，只是覺得有點空曠冷寂。

凱薩琳大帝可能也有同感，因此她又在中央城區建築了溫馨的「冬宮」，每年在那裡過冬，並且將她豐富的藝術收藏貯存在這裡的漢彌頓宮（Hermitage）裡，慢慢的品味欣賞。她也常在「冬宮」跟她的許多情人幽會，有些宮內畫作也頗為情色浪漫，令人綺想漣漣。她特別喜歡男色，一生未婚，據說到了六十歲，還有二十幾

輝煌美麗的冬宮

位情人。有些華人乾脆封她為「俄國的武則天」，我計畫將來另撰一文，與大眾分享她精彩的情史。

前蘇聯是個共產國家，目前持美國護照的觀光客，必須有前蘇聯的簽證才能入境。入境後也需有前蘇聯的導遊陪同，才能在境內旅遊。我們是搭乘「公主號遊輪」（Princess Cruise）到了聖彼得堡，在兩天的停留中都參加了遊輪公司主辦的旅遊團。第二天早上我們在「冬宮」參觀三個小時，飽覽世界級的藝術收藏後，大家都都又餓又累，導遊將我們帶到了市內最繁華的商業區——巴黎廣場（Paris Square）——去吃午餐、購物，讓我們自由活動三小時。

我們直奔「聖彼得堡大飯店」（The Grand Hotel），在那裡吃了一頓原汁原味的俄國菜。在美國也可吃到羅宋湯（Borsch）、酸奶醬汁牛肉（Beef Stroganoff），我總覺得滋味不佳，那天在聖彼得堡吃到的卻風味佳妙，令我對俄國菜有了截然不同的看法。我們喝到的那碗俄國羅宋湯，主要是用紅色的甜菜根（beets）熬成的，因此湯色深紅，盛在雪白的瓷碗裡，碗旁放著一個小容器，盛著雪白的酸奶（sour cream），看起來貴族雅緻，跟一般羅宋湯給人的廉價形象截然不同。

這道正宗羅宋湯有點甜味，但也帶著一絲澀味，因此需佐以酸奶。我將酸奶一勺勺的舀入湯中，果然湯味變得美好濃郁，佐以俄國麵包食用，滋味更佳。

羅宋湯是發源於烏克蘭的一種濃菜湯，冷熱皆宜，除了蘇聯外，在東歐或中歐也很風行。在這些地區，羅宋湯大多以甜菜根為主料，有時加入馬鈴薯、紅蘿蔔、菠菜和牛肉塊等熬煮，因此湯色暗紅濃釅。

但羅宋湯傳到外地後，有些地方改成以番茄為主料，甜菜為輔料，湯味就由甜變酸了，湯色也變成淡

羅宋湯

紅。羅宋湯也有不加甜菜而加番茄醬的，湯色就會變成橙紅，湯味也被番茄醬喧賓奪主，失去了原有的風味，我覺得這已經就接近野狐禪了。

我的那盤酸奶醬汁牛肉（Beef Stroganoff）滋味更加美妙。只見瓷盤的正中央有一大坨馬鈴薯泥，飾以鮮紅的小番茄，四週圍著許多牛肉條，浸在濃稠的醬汁裡，讓飢餓疲累的我們躍躍欲試。我先嘗了一條牛肉，只覺得鮮嫩入味，醬汁濃郁微甜，真是一道適口充腸的佳肴，比我在美國吃到的高明太多了，相差不可以道里計。

「酸奶醬汁牛肉」（Beef Stroganoff）定義為：油煎塊狀牛肉佐酸奶醬汁，是典型的俄羅斯料理。此菜發源於聖彼得堡，以斯格諾夫家族（Stroganoff）為名，是因為他們曾是聖彼得堡最富有的家族，也是這道佳肴的發明者的緣故。在一八六一年時，這道菜首次被寫成食譜，當時燉煮牛肉時並沒有另外加蘑菇或洋蔥來提味增香。演變至一九一二年，這道菜的食材又添加了洋蔥和番茄糊。

到了一九三八年，「酸奶醬汁牛肉」中的牛肉塊可以改用牛肉條來製作，而且視個人口味來添加番茄糊或芥末醬。現今流傳的版本，不但添加洋蔥、蘑菇來燉煮牛肉，並且通常和馬鈴薯泥一起食用，變得更加美味，這是到了一九五〇年代才確立下來的。在烹調這道佳肴時，一定要用美酒來調味，而俄國人一般用的都是伏特加酒，

Troyka salad

beef stragnoff（酸奶醬汁牛肉）

也是最正宗的。

我們還試了一道前所未聞的Troyka salad，是俄國的傳統名菜，也是只有在當地才能吃到的佳肴。這道沙拉並沒有正式的中文譯名，網路上也顯少介紹，卻出奇的美味。在俄文中Troyka是「三種東西的組合」之意，這道菜就是由雞肉塊、生菜、番茄等三種食材所組成的，巧妙的合譜成一首美好的協奏曲。這些雞肉塊先用特殊醬汁醃過，再用油煎得香噴噴的，外焦裡嫩，火候極佳，滋味甜中帶酸，很是開胃下飯，和羅宋湯、酸奶醬汁牛肉是很好的搭配，給了我們意外的驚喜。

至於這家華貴的「聖彼得堡大飯店」（The Grand Hotel），已有一三五年的歷史，不但是當地最好的旅館，也是傳奇性的「東方特快車」

（Oriental Express）的象徵之一，他們所供應的菜肴當然滋味非比尋常，露天餐座的氣氛浪漫溫馨，每張餐桌上都裝飾著一朵金黃的向日葵，正是前蘇聯的國花。前蘇聯因位於寒帶，一年只有兩個月看得到太陽，使得每個人都嚮往陽光，像向日葵一般隨著太陽團團轉。我們那天吃了這樣的一頓美好的午餐，還配了一杯紅酒，侍者的服務週到貼心，心情愉快，為聖彼得堡之行劃下了美好的句點，可說是不虛此行了！

柏林圍牆畫廊

柏林圍牆曾是第二次世界大戰後，德國分裂和冷戰的重要標幟性建築，也曾是一道分割東德和西德的「鐵幕」的象徵。二〇一四年十一月九日適逢柏林圍牆倒塌二十五週年慶，不但在德國柏林有隆重的慶典，舉世更為之歡騰不已。此情此景，不禁使我想起二〇一五年我們夫妻倆搭著「公主號遊輪」（Princess cruise）去北歐遊歷，順道經過柏林，一遊久聞大名的柏林圍牆，大為驚豔的往事來：沒想到一座醜陋的圍牆，竟變成了一道美麗的畫廊！

記得某天一大早那艘「公主號」遊輪停泊在德國東部的一個海港，我們清晨五點就被叫醒，由某位英俊的男導遊帶著我們一大團人從港口搭著巴士，到了一個不知名的小火車站，趕上一部鮮紅色的火車，足足坐了三小時的慢車才到柏林火車站。然後，我們這一團人又搭上一部鮮紅色的旅遊大巴，了半小時，好不容易才抵達久仰大名的柏林圍牆，把大夥兒累得腰酸背痛，人仰馬翻，是旅途中最辛苦的一段。要不是充滿了朝聖的心情，恐怕早就有人要罵大街了！

我們搭的那列火車頗為破舊，全是硬座，幸好車廂還算整潔。我們倆小口跟另一對紐約來的華裔夫婦共享一個四人包廂，一路上說說笑笑，倒也頗不寂寞。時值八月下旬，路邊飛馳而過的景色雖還是碧樹芳草，卻少見鮮花，地貌也頗為凌亂，景色蕭瑟荒涼；灰撲撲的民居也看起來凌亂貧窮，一點也不像法蘭克福、海德堡、或慕尼黑郊區的整潔有序，芳草鮮美，落英繽紛，哥德式的教堂和典雅的古堡忽隱忽現，美如仙境。相形之下，這竟像是另一個不同的世界，大出我的意料之外！

我這才想起來我們是在以前的「東德」，並不是在「西德」。難道在資本主義和共產主義分治下的城鎮，面貌居然會有這麼大的不同嗎？而柏林圍牆已倒塌了二十四年，這兩地的差距，至今仍然無法平衡彌補嗎？這真是柏林之大不幸，也是德國之大不幸。很弔詭的是：五十幾年前西德的法律雖然明言規定：西柏林是西德的領土，西柏林的領土卻位於東德境內，而蘇聯為了迫使西德放棄西柏林，才於一九六一年八月十三日建造了這道長達一五五公里的「柏林圍牆」，以阻止東德居民逃往自由富裕的西柏林。

柏林圍牆最初是以鐵絲網和磚石為材料，後期才加固為由瞭望塔、混凝土牆、開放地帶，以及反車輛壕溝所組成的邊防設施，面目醜陋猙獰。這道醜陋的圍牆也造成了許多家庭的破碎，親友的隔絕，因此當時仍有不少民眾前仆後繼，奮不顧身的逃亡，死傷慘重，令世人唏噓不已。美國總統約翰・甘迺迪就曾於一九六三年六月在西柏林市政廳的柏林圍牆前，發表著名的「我是柏林人」演說。他說：

> 自由有許多困難，民主亦非完美，然而我們從未建造一堵牆把我們的人民關在裡面，不准他們離開我們。

可不是嗎？他這一番動人的演說，引起了世人的共鳴。

可喜的是目前柏林圍牆原址僅有少部分的殘留，其餘幾乎被拆除殆盡，使西柏林的市容由猙獰變成美麗。柏林市共有三處較長的遺跡：一處在尼德爾克爾新那大街（Niederkirchnerstraße），位於波茨坦廣場和查理檢查站之間，長約八十公尺。另一處位於柏林的地標——施普雷河（Spree）沿岸的奧伯鮑姆橋（Oberbaumbrücke）附近，存有大量塗鴉和繪畫，通常被人稱為「東邊畫廊」（East Side Gallery），也是最大最精彩的一個。第三處位於貝爾瑙爾大街（Bernauer）北部，為部分重建的圍牆，並在

漫步柏林圍牆

一九九九年改為紀念場所。某些柏林圍牆的單塊牆體和瞭望塔，也還分散在城市中，在在的提醒民眾過往的遺跡。

導遊讓我們在柏林有三小時的自由活動時間，我們像放出籠的小鳥，迫不及待的先參觀「東邊畫廊」。如今這裡的柏林圍牆除了在河邊保存部分鋼筋鐵絲網遺跡外，代之而起的是大量五顏六色的塗鴉和繪畫，令人目不暇接。那些繪畫的人物造型都十分炫酷，色彩也亮麗吸睛，帶著強烈的普普藝術風格（Pop Art）：不但有搔首弄姿的性感美女，有全身披著灰白連帽大氅戴著灰白面具的外星人，還有蘇聯總理赫魯雪夫和德國總理阿登納（Konrad Adenauer，一八七六－一九六七）熱吻的

▌柏林圍牆（赫魯雪夫）

照片，暗示他們當時的密切合作。當時正有一對身材高挑的俊男美女站在這張名畫前親密擁吻，被我給偷偷的拍了下來。

逛了一小時的「東邊畫廊」，我們已經又餓又乏，正好看到附近有家蓋得蠻氣派的Hilton Hotel，便毫不猶豫的跨門而入，想一嚐高級的柏林風味，順便小憩片刻。旅館餐廳的裝潢很藝術，色彩繽紛，洋溢著前衛的現代氣息，每樣擺設都看起來精緻小巧，賞心悅目，餐點也不例外。我們不由得點了蔬菜濃湯、煎豬排、芝麻菜沙拉、紅燒牛肩……等菜餚，佐以德國Becks啤酒。德國貝克啤酒公司，位於德國的北部城市不來梅（Bremen），據說是世界上最暢銷的德國啤酒，在近九十個國家銷售，風味自然甘冽不凡，氣泡特多。

這裡的每道德國菜上桌時，看起來都像一件藝術品，令人捨不得一口下肚。但當我們帶著崇敬的心情興高采烈的下箸時，卻簡直失望透了。因為它們都中看不中吃，不但一點也不像藝術品，連面貌平庸的路邊攤小吃都比不上。為什麼德國人這麼擅長裝飾藝術，卻這麼不懂得烹調藝術呢？他們難道不知道做菜最大的秘訣，就是放鹽嗎？打死買鹽的，對他們又有什麼好處呢？我們點的每道菜都死鹹，連那道翡翠色的蔬菜濃湯也不例外，難以下嚥之餘，只好猛灌貝克啤酒解渴，吸收的熱量恐怕每人超過一千五百大卡。飯後我當場醉倒在餐椅上，昏睡了二十分鐘才醒過來。像這樣的一頓既難吃又不健康的午餐，居然也足足花了我們一百美元，搶錢啊！

據說柏林最有名的菜餚就是德國鹹豬手和咖哩香腸，也是以鹹香取勝，難道真的要打死買鹽的嗎？我覺得在歐洲菜的排行中，德國菜是倒數有份的，名次僅略高於最難吃的英國菜和俄國菜，連捷克菜、匈牙利等窮國的菜餚都比它好吃多多，與德國的國民所得不成比例。以前我們在德國南部的「羅蔓蒂克小徑」（the Romantic Way）遊歷時，就曾品嘗過法蘭克福、海德堡，和慕尼黑等各大城的名菜小吃，當時就覺得德國人口味厚重單調，不但愛吃肉食和馬鈴薯，而且菜味偏鹹，沒想到德國東北部的柏

上：紅燒牛肩
中：煎豬排
下：碧綠的蔬菜濃湯

林有過之而無不及。幸好黑森林蛋糕、冰淇淋等德國甜點倒還算精緻美味，總算替德國菜挽回不少顏面。那天我看到Hilton Hotel餐廳中的覆盆子乳酪蛋糕、蘋果餡餅，及七彩繽紛的小鬆餅等甜點，很想點來一試。無奈當時我們已酒醉飯飽，欲振乏力了。

飯後逛街，我們發現柏林市的藝術氣息相當濃厚，可稱為「藝術之都」，到處都有巍峨壯麗的博物館，和浪漫悠閒的露天咖啡座，有一家「艾恩斯坦咖啡廳」，顧客盈門，門口停著一部蓋得像太空船的小旅遊車，很有古典與現代對比的趣味。柏林圍牆附近還有一道著名的布蘭登堡大門（Brandenberger Tor），建築也十分宏偉壯觀，一九八七年六月十二日美國總統雷根就曾在這裡發表舉世聞名的「推倒這堵牆」演說，呼籲當時的蘇共中央總書記戈巴契夫拆掉柏林圍牆。他說：

戈巴契夫總書記，如果你想和平，如果你想蘇聯和東歐繁榮，如果你想要自由，那來到這道門前。戈巴契夫先生，打開這道門，推倒這堵牆！

結果他的願望在兩年後就實現了！

附近其他著名的建築物還有國家音樂廳、O_2 World奧林匹克運動場、柏林大教堂……等，街道上車水馬龍，一副太平盛世的景象，誰還記得起以前硝煙遍地的悲慘戰地景象？只有幾位面露微笑的站崗衛兵，提醒著遊客們昔日的戰爭與不幸。我們很想留下來逛逛博物館，在露天咖啡座喝喝咖啡，去參觀奧林匹克運動場和其他景點，無奈集合時間已到，只好依依不捨的揮手向柏林說再見。這就是集體旅遊的無奈吧！有人代為安排車船交通，卻無法盡興暢遊。我們決定下回一定要來柏林自助旅遊，好好的暢遊柏林一番，以彌補這回的遺憾！

波羅的海的明珠
——塔林市

喜歡色彩，喜歡珠寶，喜歡藝術，喜歡光芒璀璨，造型有北歐風格的Swarovski水晶和黃澄澄的琥珀，喜歡樸拙鮮豔的繪畫，喜歡糅合北歐、東歐、沙俄風格的獨特民族服飾，喜歡歐洲中世紀的鵝卵石巷弄，喜歡哥德式和東正教建築的人，很難有人會不為波羅的海旁的古國愛沙尼亞（Estonia）的首都——塔林市（Tallinn）——的魅力所著迷眩惑的。

在這裡，每轉進一條狹窄的巷弄都給人意外的驚喜，好像無意中闖進了武陵人的桃花源似的，不禁要流連忘返迷失其中。我努力的緊跟著那位性急的愛沙尼亞導遊四處移動，想聽懂他那詳盡快速的講解，卻常因貪看那迷宮般的巷弄和迷人的風景，又忙著用攝影機捕捉許多那珍貴的畫面，而不時失去他的蹤影。最後不知怎麼搞的，我跟老公終於淒慘的完全脫隊，差點要自己搭計程車回港口上船。這裡離我們的遊輪港口，可有半小時的車程之遙啊！

我們拚命的打導遊的手機竟無人接聽，只好提早在預定的集合地點心急如焚的等待。五分鐘後當我們終於看到導遊修長的身影時，才如釋重負跟著他和大隊的人馬搭車回遊輪，準備航向我們的下一站聖彼得堡，不知急死了多少細胞。但我覺得這一切的疲累折騰，都是值得的，因為塔林市是那樣的美麗獨特。它像是一顆燦爛的明珠，在森冷的波羅的海旁散放出難以掩埋的光芒。

我以前從來沒有聽過塔林市的大名。那天在偶然的機緣下來到了這個遺世獨立的古城，卻意外的驚豔，留下了難以磨滅的印象。沒想到世界上居然有這麼迷人的歐洲古城！但它為何不像德國南部的古城——羅森堡（Rothenberg）或其他歐洲小城那麼知名呢？我覺得它的多彩瑰麗和濃厚的異國情調，其實可說是獨佔鰲頭，可惜它地理位置偏僻，遊客罕至，最近才慢慢的被世人所發現。

塔林市是愛沙尼亞的首都，它的舊城區以保持完美的歐洲中世紀街道與建築而名傳於世，是珍貴的世界文化遺產之一。新城區則為愛沙尼亞的高科技重鎮之一，也是加州矽谷小城——洛斯加圖斯（Los Gatos）——的姊妹市。Skype就是一家發源於塔林市的著名ＩＴ公司。我正住在洛斯加圖斯市附近的一座風景幽美的小山上，難怪到了塔林市覺得自在舒暢，好像那是我的第二故鄉似的！由於愛沙尼亞高速的經濟成長，它也常被稱為「波羅的海之虎」目前世界銀行已將它列為高收入國家。愛沙尼亞也是個農業國家，所生產的黃油、牛奶和奶酪，品質絕佳，在西歐市場中聲名卓著，火腿奶酪三明治也特別的甘潤適口。

愛沙尼亞是波羅的海三小國之一，另外兩國是拉脫維亞（Latvia）和立陶宛（Lithuania）。對我而言，因為歷史的迷霧，這三個蕞爾小國家以前總蒙著一層神祕的面紗。在俄國、丹麥、芬蘭、瑞典、波蘭……等歐洲列強的佔領與割據下，愛沙尼亞的歷史顯得支離破碎而淩亂，一直到現代獨立建國後，它那層神祕的面紗才總算被揭開了，浮現出絕世幽美的容顏，震驚了無數前來探訪遊歷的遊客。

獨立後的愛沙尼亞像前蘇聯一樣，採用「共和國」的體制。在地理位置上，它北向芬蘭灣，南向拉脫維亞，東向立陶宛，有著重要的戰略地位，才會慘遭歐洲列強的覬覦。它的現代國名在愛沙尼亞語中為

塔林的乳酪三明治

Esti，這是北歐古代的斯堪地納維亞人（Scandinavian）給它取的名字，因為他們慣稱那些住在斯堪地納維亞東部地區的少數民族為「愛斯替人」（esti）。其實，愛沙尼亞地區的史前先民是屬於芬蘭的烏戈爾人的愛沙尼亞族人，至今仍使用不屬於印歐語系的烏戈爾語。他們有著雪白的皮膚，金色、棕色、栗色、或葫蘿蔔色的火紅頭髮，碧藍或棕黑的眼珠，和輪廓立體鮮明的五官。幾乎每個年輕男女都氣質優雅，俊美得可以當電影明星，是個既美麗又富於藝術天分的少數民族。

愛沙尼亞的歷史相當悠久，在史前便有人蹤。在十三世紀時（一二二七年）時，愛沙尼亞曾被丹麥和日耳曼的「條頓騎士團」所征服，基督教也因此而傳入，到處興建起了哥德式的大教堂。此後，愛沙尼亞又多次被北歐和東歐的列強所統治，包括丹麥、瑞典、波蘭……等，最後在十八世紀被俄國所併吞，淪為沙俄的附庸國，一直到俄國十月革命（一九一七年）後才宣告獨立。但不幸在獨立二十幾年後，第二次世界大戰初期（一九四一年）時又再度被前蘇聯所佔領。一直到二十五年前（一九九一年），它才幸運的再次恢復獨立，正式成為一個新興的北歐國家，建國迄今只有二十四年的歷史。

塔林市位於愛沙尼亞北海岸，離北方對岸的芬蘭赫爾辛基約八十公里，人口只有四十二萬，可謂地廣人稀。塔林的舊城區是被列入世界遺產名錄的「塔林歷史城區」，在二〇一一年曾當選「歐洲文化之都」。它在一二九一年被丹麥佔領時，曾被命名為「列巴爾」（Reval），這就是它的古名的由來。一九一八年愛沙尼亞獨立後，它才正式被改稱為「塔林」（Tallinn），這個字眼在愛沙尼亞語中有「丹麥人之城」的意味。

在十六世紀時，隨著德國人馬丁路德宗教改革的開始，德國的影響力在愛沙尼亞開始強大起來。但在一五六一年時，塔林市又變成了瑞典的領土。但在十八世紀的「大北方戰爭」（Great Northern War，一七〇〇年－一七二一年）時期，以塔林為據點的瑞典軍隊向俄國投降，只有當地的德國人在沙皇統治下，得以保住了他們的文化和經濟自主權。所謂的「大北方戰」，就是沙俄為了奪取波羅的海出海口，而與瑞典爭霸的一場關鍵性的戰役。這場戰爭結果是：俄國從此稱霸波羅的海，而瑞典則由歐洲列強的名單上消失，也失去了對塔林的掌控權。

從十九世紀的最後十年起，塔林開始洋溢著濃濃的俄國風情，東正教堂和俄國口味的食品也紛紛在這裡風行起來。一九八〇年莫斯科奧運期間，帆船比賽曾在塔林市中心東北處的比力塔區舉辦。大批的現代建築物，如奧林比亞飯店（Olümpia Hotel）、新郵政辦公大樓、帆船中心，也因此一一興建起來，造就了塔林市「新城區」的摩登風貌。

至於塔林市歷史悠久的「舊城區」則分成三個部分，觀光景點集中在第一和第一部分，可以成為精彩的一日遊：第一部分是威嚴的「座堂山」，也是歷史錯綜複雜的塔林市的市政權力中心。最早的統治者是基督教的主教，接下來是日耳曼的條頓騎士團，和波羅的海的德國貴族。如今，這裡是愛沙尼亞政府和很多外國大使館和官邸的所在地。主要景點包括該區的城牆、東正教的亞歷山大・涅夫斯基主教座堂（建於沙皇俄國政府期間，曾經擁有一個馬丁・路德的塑像），和塔林聖母主教座堂——聖奧拉夫教堂……等。

我最欣賞的景點，是典雅壯麗的亞歷山大・涅夫斯基主教座堂（愛沙尼亞語：Oleviste kirik）。這是一座俄羅斯風格的東正教堂，據說興建於一八九四年到一九〇〇年，花了整整六年的時間才竣工，工程頗為浩大。當時的塔林處於沙俄帝國的高壓統治之下，愛沙尼亞人民受到各種形式的非人道迫害。但它烏亮的洋蔥圓頂，雪白的牆壁，酒紅的窗框，栗棕的座基，又呈現了別具一格的愛沙尼亞民族風情，亮眼而悅目。這也是塔林最大和最高的圓頂東正教堂。

亞歷山大・涅夫斯基主教座堂，正位於塔林舊城區的座堂山的山頂，可以一覽無餘的俯瞰如詩如畫的塔林舊城區。往下一望，只見紅瓦綠樹，映著蔚藍的天空，可以觀賞形態各異的建築，屋頂或尖或圓或方，風光明媚亮麗，好像是一枚天然的風景明信片，令人樂而忘返。然而許多愛沙尼亞的民族主義者，曾經非常厭惡這座圓頂東正教堂，因為它象徵著沙俄帝國的血腥統治。因此愛沙尼亞政府也曾計畫在一九二四年將它拆除，幸好後來改變了主意。一九九一年愛沙尼脫離蘇聯獨立後，它終於被隆重的當成古蹟仔細的恢復重建，目前是塔林市最著名的地標，也是遊客必到之處。

塔林的聖母主教座堂──聖奧拉夫教堂（愛沙尼亞語：Oleviste kirik），則創建於十二世紀，主保聖人是奧拉夫二世。塔林最早的文字記載見於一二六七年，十四世紀時城內因丹麥人得統治曾進行了大規模的改建，但建築大多是丹麥式的風格。後來塔林易主，日耳曼人和瑞典人變成了新的統治者。十五世紀末期瑞典人將它重建，一座全新的黑頂白牆的一五九公尺高的哥德式尖塔從此在塔林市豎起，是標準的瑞典式的天主教堂，風格肅穆簡約，飄逸出塵。它曾經是世界上最高的建築物（一五四九－一六二五），但在經歷數次的大火與重建後，如今總高度降為一二三公尺，但仍是塔林市最顯著的地標之一。當地還流傳著一個有趣的傳說：教堂的主保聖人奧拉夫二世，最後是從塔頂摔下來活活摔死的。當他的身體碰撞到地面時，還曾有許多毒蛇和蟾蜍

亞歷山大・涅夫斯基主教座堂是俄式的東正教堂

形態各異的建築表現了塔林錯綜複雜的歷史

▍美景如畫的塔林舊城區

從他的口中爬出來，聽起來怪嚇人的。

第二部分就是最迷人的「舊城區」。這原是一個歷史悠久的商業區，被稱為「市民的城市」。從十九世紀末期之前，市容就已經非常繁華，是中世紀的貿易中心，也是現代塔林市主要的商業街。這些商業街如今仍然十分繁華多彩，你可以在這裡看到有趣的街頭藝人表演，看到開著紫紅矮牽牛花的露天餐廳，嘗到最道地的愛沙尼亞美食。我們所吃到的草莓酥餃和乳酪三明治，都非常清爽美味，乳香撲鼻。你也可以在這裡買到最璀璨的Swarovski水晶，最巨大金黃的琥珀，和最具愛沙尼亞民族風的服飾，讓你的荷包大出血。

琥珀是愛沙尼亞的特產

總之，塔林市的舊城區像是一個由德國小鎮、瑞典古城和沙俄古都所組成的奇妙混合體，呈現了一種非常另類的多元性面貌，令人不僅想鍥而不捨的探索追尋。已經好久不購物的我，在那種深深的魅惑下，情不自禁的買了一只光芒四射的Swarovski橙紅水晶五瓣梅花戒指，一件青玉色鑲黑邊的手織愛沙尼亞風毛線背心，配上一條天青粉紅碎花的長圍巾，滿載而歸。千里跋涉帶回美國後，每逢朋友歡聚便穿戴出來show一下愛沙尼亞獨有的另類風情，眾人無不嘖嘖稱讚，令我對塔林市無比的懷念，希望在不久的將來能有機會再度重遊！

西班牙烤乳豬名城

——塞哥維亞紀行

塞哥維亞（Segovia）是個離馬德里有八十八公里之遙的小鎮，卻在世界上赫赫有名。我有好幾個旅遊過西班牙的朋友都鄭重推薦過塞哥維亞，說那裡的烤乳豬不但美味超群，皮酥肉嫩；而且風景幽美，古蹟如雲，很能發人思古之幽情，使我垂涎了好久。

這個位於馬德里西北的的名鎮塞哥維亞，就是西班牙烤乳豬的發源地。我那幾位雅好美食的好友，都流著口水向我津津樂道那烤乳豬的美味超群，但當我逼問他們仔細形容其味，和與中國的粵式烤乳豬到底有何不同時，他們卻都怎麼樣也說不清楚，知其然而不知其所以然，令我決心哪一天一定要親自一探究竟。

我的夢想不久前意外的實現了。我二〇一五年五月接到「歐洲華文作家協會」的邀約，前往西班牙東北部的藝術名城巴薩隆納（Barcelona）開會，並應邀給了一個

「飲食文學」的演講。會後我和外子在巴薩隆納及其近郊，和大夥兒旅遊了五日，遍賞畢加索、達利的名畫，和高第的建築傑作，沉醉在巴薩隆納濃厚的藝術氛圍中，也遍嘗伊比利亞生火腿、西班牙海鮮飯……等西班牙美食，卻仍覺好像少了些什麼。

事後，我們約了一對談得來的文友夫婦，一行四人特地從巴薩隆納搭了三小時的子彈列車，前往馬德里一遊，瞻仰一下西班牙首都的風采。一出馬德里中央車站，便覺得馬德里市容氣派，市街寬廣，熱鬧喧囂，充滿了藝術和歡樂的氣息，令人遊興勃發。我們在那裡玩了一天半後，我突然很想安靜一下，看看馬德里市郊的景色，和嘗嘗西班牙烤乳豬的風味，塞哥維亞（Segovia）的大名就這樣猝然的浮上了我的腦海。

我馬上致電台灣駐馬德里的辦事處，請他們推薦一位會講華文的導遊。正值旅遊旺季，每個導遊都很忙，經過一番努力，我終於找到一位華文導遊，開一部可容六人的Mercedes Benz小巴，一天旅遊十小時，索價三五〇美元，我興沖沖的答應了。沒想到同行的另一對夫妻卻改變了主意，決定留在馬德里多玩一天。這仍然動搖不了我們獨自出遊的決心——我們去塞哥維亞不僅是嘗烤乳豬，還想看郊外美麗的風光，以及羅馬人、阿拉伯人，和天主教徒的古蹟。最重要的還是要參觀歷史最悠久的羅馬水道橋——那不僅是一件偉大的工程，也是一件重要的藝術作品啊！

一出馬德里市區，馬上覺得神清氣爽，風光如畫。從馬德里到塞哥維亞，必須跨越瓜達拉瑪雪山，我們遍覽雪山的美麗風光，一個多小時後才到了塞哥維亞的大廣場（Plaza Mayor）。廣場附近有許多可愛的小店，和多彩多姿的街頭藝人表演，馬上令人眼睛一亮。古老的塞哥維亞主教座堂正位於廣場中心，米白色的建築一見就令人驚艷震懾，好想走進去一窺堂奧。它不但建築宏偉壯麗，而且結構特殊，十幾個小尖塔環繞著中央的圓頂鐘樓，令人頓生出塵之思，主保聖人就是天主教的聖母。這是一座西班牙和歐洲中古晚期建造的哥德式主教座堂，但仍保存著濃厚的西班牙地域色彩。它建於十六世紀（一五二五－一五二七年），當時的歐洲大部分地區的教堂已經流行文藝復興風格，它的建築卻別樹一格，卓爾超群，穹頂完成於十七世紀，鐘樓有八十八公尺高，是目前西班牙最高的鐘樓，鐘聲清揚悠遠。

接著，我們去參觀曾出現在好萊塢電影《白雪公主》中的阿卡薩大城堡（Alcazar Castle）。時值五月，這座城堡門口的栗子樹正開著滿樹雪白的花朵，與米白的城堡顏色異常的協調。它位於塞哥維亞城西端，正座落在Eresma河與Clamores河的交匯之處，位於當時的西班牙北部城市卡斯提爾（Castile）的要衝上，因戰略上的考慮臨崖而建，擁有絕佳的視野，入口還有一條十多公尺深的護城河，以防範敵人入侵。

街頭藝人表演

這座城堡的名字取自當地地名，建於岩石上面，本來是一座軍事要地，也曾作為阿方索八世（Alfonso VIII）的居所。西班牙的伊莎貝爾女皇曾經在此加冕。一七六四年，查爾斯三世在這裡建立了王室炮兵學院。這座城堡堡壘的首次歷史記載，可以追溯到十二世紀的基督教文獻。在羅馬統治時期，這座城堡不斷被加固。一八六二年，整個建築被大火燒毀，如今我們所見到的美麗城堡，是一八六二年後在原址上重建的，怪不得看起來相當新穎。

在城堡中，到處可以看到阿拉

阿卡薩大城堡

伯的摩爾文化的痕跡。在許多房間都常可看到以明麗色彩在石膏背景上所繪製的摩爾風格的繁複裝飾。歷經好幾個世紀的不斷改建，現在的整座城堡，已經成為一個融合宮殿和軍事防禦建築為一体的古典建築範本。從摩爾式的拱窗望出去，是個一望無際的多彩丘陵，散布著碧綠的森林與赭色的城堡，盛開著鮮紅的罌粟花，風光明媚，令人心曠神怡。

逛完城堡後我們不但腳酸了，肚子也餓了，時間將近中午一點鐘，正是品嘗美味的西班牙烤乳豬的最好時機！塞哥維亞賣烤乳豬的

古羅馬水道牆

餐館不少，以Casa Condido最為知名。不但歷史悠久，而且正位於羅馬水道橋之旁，得地利之便，食客們可以一邊用餐，一邊賞景，食趣倍增。曾有西班牙皇室來品嘗過，使得這家餐館名聞天下，客似雲來。

西班牙人一般從下午四點才開始吃午餐，我們中午一點鐘抵達時，這家餐館還剩幾張露天的餐座，我們趕快選了一張位置好光線佳的餐桌就座，毫不猶豫的點了一條烤乳豬腿，一盤烤蘆筍沙拉，一碗大蒜湯，配著西班牙麵包進食。抬頭一看，有些餐座是一桌十人，

烤乳豬特寫

他們所點的便是整隻的烤乳豬了！其中有一桌還將餐盤摔碎，再用餐盤的碎片來切開烤乳豬，表示豬皮的酥脆，和豬肉的肥嫩。那餐盤落地的鏗鏘清脆聲響，不時引起食客們的一陣陣歡呼，氣氛熱鬧喧嘩，high到最高點。

我發現西班牙烤乳豬的確皮脆肉嫩，美味超群。一層金黃薄脆的豬皮下，便是豐嫩的豬肉，但全是瘦肉，絲毫不見肥脂，滋味和中國的粵式烤乳豬完全不同，這是什麼緣故呢？經過一番研究，我才知道：粵式烤乳豬是明爐燒烤的，因此烤熟後切開仍可見到五花的三層豬肉。西班牙烤乳豬卻是隔水烤熟的，皮肉間的那層肥油在烘烤時早就烤溶到水裡去了，吃起來更健康，更符合我的口味。

那道大蒜湯也是西班牙的名菜之一，以橄欖油、番紅花調味，湯色鮮紅，湯味鮮美，湯裡居然還有一個煮熟的雞蛋，配著正宗的西班牙麵包，清爽的烤蘆筍沙拉，和美味的烤乳豬，不禁令我們吃得意興遄飛。飯後意猶未盡，我便再點了一客餐館特色蛋糕來當甜點，只覺得柔潤甘芬，入口即化，沒想到西班牙烹調如此出色！飯後買單，這頓大餐只花了五十二歐元，也就是五十二美元左右（當時一歐元大約相當於一美元），可說是物美價廉。

據說西班牙烤乳豬的正宗做法相當繁複：食材是一隻三－四公斤出生未滿兩週的小乳豬，先將它從正面沿著脊椎骨從頭到尾剖開，用鹽、胡椒和香料醃漬一整天。次日，放入陶瓷鍋內加一些月桂葉，和大約四公升的水（以覆滿乳豬身軀為度），先用攝氏一二〇度的高溫烤一小時；然後再淋上大量橄欖油，再放進烤箱續烤。燒烤乳豬的過程中，每隔十五到二十分鐘，還要不厭其煩地淋油，等到最後三十分鐘，還得幫乳豬戴上錫箔紙做的耳罩，如此豬耳朵才能酥脆而不焦黑。起鍋時，得再刷些蒜泥和豬油在乳豬身上，讓它看起來金黃油亮，就可以上桌享用了！

我們一邊吃著美味的西班牙烤乳豬，一邊欣賞著羅馬水道橋（Acueduco Romano）的美景，大發思古之幽情。只見它在塔霍河（River Tagus）環抱下，展現古城遺世獨立的一面，讓遊人看盡西班牙文化魅力。它是塞哥維亞最重要的標幟性建築，全長七二八公尺，共有一六七座拱門，宛如一道堅固的石造圓拱圍牆，扼守住通往古城的入口，同時也迎接眾人驚豔的目光。遊客得穿過水道橋的大拱門，才得以進城。這座分有二層，最高處達二八九公分的龐然巨物，是羅馬人在西元前一世紀以花崗岩所建，全建築沒有使用任何粘著劑、卡楯，完全以石塊層層堆疊而成；在當時它肩負著將鄰近的雪山河水引進市區的重任，一八八四年前水道都還有雪水流過。

這趟塞哥維亞的一日行，使我深深的愛上了西班牙，甚至打算開始學西班牙文。我們決定有機會時再重訪西班牙，到南部的塞爾維亞（Seville）、哥多巴（Cordoba）、格拉那達（Granada）、直布羅陀（Gibrata）一遊。甚至再越過直布羅陀海峽，到對岸的北非摩洛哥看看。旅遊不只是娛樂，也是一種學習。西班牙物價便宜，西班牙人友善熱情，氣候溫和，旅遊景點多，怪不得成為與中國、美國並駕齊驅的國際旅遊大國之一。百聞不如一見，許多景點的魅力，正如塞哥維亞古鎮一般，只有親臨其地，才能深切的體會與感受！

啊！巴薩隆納

從來沒有一個城市像巴薩隆納一樣，讓我離去時如此依依不捨。我甚至很想在巴薩隆納市區買一棟小公寓，退休後就住在那裡悠哉悠哉的享受人生。每天在那些保存完好的歐洲中世紀鵝卵石小巷裡閒逛，看看博物館和畫廊，沈醉於濃厚的藝術氛圍之中。逛累了在小店吃一球美味的西班牙冰淇淋，喝杯熱騰騰香噴噴的拿鐵咖啡。或者在小酒館裡坐坐，來一杯西班牙紅酒，嚐嚐那些五花八們的Tapas（小菜），聽聽熱情的西班牙人的笑語喧嘩。美國雖好，山河壯麗，科技先進，就是少了那麼一點優雅的藝術文化氛圍，和濃郁溫馨的人間氣息。尤其是高科技的加州矽谷，每個人的生活不是單調乏味，就是忙碌躁鬱，真是枉費到人間走一遭！

巴薩隆納是西班牙第二大城，位於伊比利亞半島的東北部，是加泰隆尼亞省（Catalonia）的首都，也是西班牙現代藝術的搖籃。加泰隆尼亞省是西班牙最富裕的省份，隔著庇里牛斯山與法國為鄰，因此當地人的性情也融合了若干法國人的特質，比較深沈、唯美、勤奮、強悍，跟其他省分的西班牙人有點不同，因此最近正醞釀著要從西班牙獨立，成為一個新興的國家。

事實上，巴薩隆納人才輩出，人文薈萃，風頭遠在西班牙首都馬德里之上。舉世聞名的建築怪才安東尼·高第（Antoni Gaudi Cornet，一八五二－一九二六年），抽象畫大師帕布羅·畢加索（Pablo Ruiz Picasso，一八八一－一九七三），超現實主義大師薩爾瓦多·達利（Salvador Dali，一九〇四－一九八九）皆出身於此。這裡也是著名的現代暢銷西班牙長篇小說《風之影》的作者——卡洛斯·魯依斯·薩豐（Carlos Ruiz Zafon）——的故鄉。卡洛斯·魯依斯·薩豐目前定居於美國洛杉磯，以西班牙語創作，除了寫作小說、電影劇本外，也為西班牙的報紙撰寫專欄。《風之影》於二〇〇一年出版於西班牙，銷售量超過《達文西密碼》和《哈利波特》，從此就被引進世界各國，至今已翻譯成多國語言，在全球超過五十個國家出版，包括台灣和中國大陸。

我自從多年前讀過以巴薩隆納為背景的長篇小說《風之影》後，就一直嚮往著這個美麗的城市，尤其是那林立於大街小巷，賣著伊比利亞生火腿的小酒館，和書中人物常在此約會的「四隻貓」（Four Cats）咖啡館。「四隻貓」咖啡館也附設餐館，是當年畢加索、達利、高第、米羅……等藝文界人士的會面之地，也西班牙現代主義運

four cats四隻貓的招牌畫

動的主要中心之一。這裡的第一份菜單的封面，就是畢加索設計的，是道道地地的畢加索原作。畢加索也曾在這裡舉辦他的第一次個人特展（一八九九），時年十七歲。「四隻貓」就位於畢加索故居附近，而畢加索故居目前已被改建為畢加索博物館，展示他早期的現代寫實主義與藍色時期（一九〇一－一九〇四）的作品，也包括這幅菜單的封面。

二〇一五年「歐華作協」五月在巴薩隆納召開年會，邀我去開會演講「我的飲食人文書寫」，終於讓我有機會踏上了巴薩隆納的土地。這個年會由台灣駐西班牙辦事處贊助，會後還有四天的旅遊，我們看盡巴薩隆納的美景，也遍嘗巴薩隆納的美食。我們參觀了高第所設計的聖家堂、巴由之家、米拉之家、奎爾公園、奧林匹克公園，小而美的畢加索博物館，和亮麗寬廣的達利美術館，也參觀了巴薩隆納的中央果菜市場。

巴薩隆納濱地中海，是典型的地中海型氣候，冬雨夏乾，天氣溫和，陽光燦爛，晝夜溫差大，很像舊金山，但物產的豐富美味，則遠在舊金山之上。這裡不但是藝術的天堂，也是美食的天堂！最難得的是物價低廉，幾乎只有舊金山灣區的三分之一！那天我參觀了巴薩隆納的中央果菜市場後，簡直驚訝得快說不出話來：只見數不盡的新鮮蔬果，肥美碩大，在燈光下閃著飽滿亮麗的色澤，似乎可以捏得出水來。連罕見的火龍果，攤子上就有七八種；鮮嫩的朝鮮薊，也有五六種。更別提那五花八門的海產了，光是鮮蝦就有十種，明蝦粗得像兒臂，螃蟹大得像臉盆；有些地中海魚類我前所未見，連名字都叫不出來。這麼多優秀的食材，還能不催生出洋洋大觀的美食嗎？而且大菜小點，任君品嘗。

西班牙人獨特的作息方式，造就了他們獨特的餐飲文化。他們一般上午從九點工作到下午兩點，兩點到四點間吃午餐。然後，再從下午四點工作到九點，晚上十點才

▎上：西班牙色彩繽紛的水果糖
▎中：西班牙海鮮飯
▎下：西班牙形形色色的海鮮

開始吃晚餐。在其他時間如果想吃點東西充飢的話，他們只能到小酒館吃Tapas（小菜），小盤小碗的，種類繁多，頗有點在中式廣東茶樓吃dim sum的樂趣。據說Tapas是十九世紀起源於西班牙南部的安達魯西亞省（Andalucía）的小點心，最初只是用來配雪莉酒吃的小菜，但現在配什麼酒都一樣的美味。Tapas的起源是一位酒保用小碟子或蓋子（tapa）蓋在酒杯口，以防止蒼蠅飛入，後來演變成在盤子裡放一些乳酪、橄欖等小菜來下酒，之後小菜種類愈來愈多，從火腿、乳酪等冷盤到各式海鮮、蛋餅、肉丸……等熱食都有，有幾百種之多，是西班牙菜中最精彩迷人的一環。

加州雖然曾是西班牙的殖民地，但賣Tapas的西班牙酒館很少。我有一位曾在西班牙擔任外交官的華裔老友，退休後定居舊金山灣區，常跟我訴說他對西班牙酒館的懷念，並摩拳擦掌的宣布他準備自己開一家以饗大眾，可惜心願未償就已經在幾年前中風過世了。但他引起了我對西班牙菜的好奇，兩年前我好不容易在Mountain View找到一家專賣西班牙Tapas的熱門小酒館，很興奮的約朋友前往嘗新。一進店裡，只見人聲鼎沸，坐無虛席，心裡充滿了期待。我們一行四人點了十幾樣Tapas，嘗了醃橄欖、烤朝鮮薊心、炸魷圈、西班牙海鮮飯、西班牙布丁……等名菜，卻都非常失望，每道菜不是太酸，就是過鹹，或是甜得發膩。那位大廚真可說是位烹調的白癡，居然可以把這麼多優秀的食材，製作出如此奇怪而不協調的滋味來！況且價格還貴得離譜，我從此對西班牙菜失去興趣。

但我今年五月去過巴薩隆納、馬德里後，終於發現了西班牙菜的原味，而且美好得出乎我意料之外，完全改變了我對西班牙菜的觀感。原來西班牙菜的烹調水準甚高，不但著名的大菜——烤乳豬、西班牙海鮮飯——美味，連家常的菜點——乳酪、生火腿、冰淇淋、咖啡、麵包、熱巧克力、三明治、煎蛋捲、地中海烤蔬菜、烤牛排、西班牙臘腸（chorizo）……等，滋味也無一不美，甜鹹適中，火候精到，遠在美國菜之上，甚至超過意大利菜。舊金山灣區的西班牙菜，是真正的野狐禪兼敲竹槓，根本不值得一嘗！

我在巴薩隆納印象最深的一餐，是某天中午導遊帶我們去一家叫Restaurant Wok的餐館去吃燒烤自助大餐——那真是我這一生中吃過的最滿意的自助餐！——一進門就令我嘆為觀止，單是供燒烤用的海鮮就至少有二十種之多，包括螃蟹、明蝦、干貝、生蠔、蟶子、蛤蠣、蛤蜊、淡菜等，肉類的選擇則有豬排、牛排、羊排、雞腿等，蔬菜有嬌貴的新鮮蘆筍、朝鮮薊、蘑菇等，看起來都新鮮可口，由食客自由選用，再送去給大廚燒烤，現烤現吃。此外，他們還供應伊比利亞生火腿、生魚片、日本壽司、生菜沙拉等冷菜，和杏仁蛋糕、水果塔、焦糖布丁……等西班牙糕餅和冰淇淋等甜食，吃到飽為止。

每位來參加會議的作家學者都看得食指大動，不由得紛紛拿了幾大碟聚桌狂吃，最後每個人都飽得快站不起來。價格呢？信不信由你，每個人才十五歐元，大約等於十五美元！我連那天的晚餐都省了，只在巴薩隆納市區的糕餅店買了一些杏仁可頌、火腿三明治之類的西點麵包，配著西班牙牛奶充飢。麵包鬆軟適度，牛奶滋味鮮濃，令我深覺人生之美好。

伊比利亞生火腿的滋味，也頗令我驚艷。我們第一天飛抵抵達巴薩隆納，晚上就迫不及待的約了一對文友夫婦去品嘗。我本來對生吃火腿心裡有點怕怕，鼓起勇氣拿起一片放進嘴裡，那恰到好處的腴潤甘芳，竟令我頓覺不虛此行！值得我那長達幾千里的飛行跋涉。伊比利亞生火腿，是由著名的伊比利亞黑豬所醃製而成，巴薩隆納臨近產區，因此極為盛行，每家小酒館都擺了一條，隨點隨切。原料黑豬通常畜養於西班牙中西部和北部的林間牧地，自由自在的奔跑覓食。牠們生長於典型的地中海氣候中，主食是橡木的果實，副食是野草、香草以及橄欖，這使得牠們的肉質特別鮮美，口感細膩，香氣濃郁。牠們通常在秋天宰殺，被製成火腿，至少風乾二十四個月才上市，據說以風乾長達四十八個月的品質最佳。

至於西班牙的國菜——西班牙海鮮飯（Paella），在巴薩隆納也隨處可見，滋味亦頗鮮美香濃。地中海形形色色的海鮮，為西班牙海鮮飯提供了最佳的食材，一般是做成大鍋飯，由眾人分食；也可以做成小鍋飯，每人一鍋。海鮮有明蝦、蛤蜊、魷魚、淡菜等，飯米採用西班牙長米，調味料有橄欖油、洋蔥、番紅花等，米粒要燉煮得半生不熟，才算道地。我們吃過大鍋的，也吃過小鍋的，食趣各不相同。據說西班牙海鮮飯，是西餐三大名菜之一，與法國鍋牛、意大利麵齊名，我覺得它應得第一名。它最早源於西班牙南部的魚米之鄉——瓦倫西亞省（Valencia），通常以深度不超過五公分的平底、淺口、大圓的雙耳鍋來製作，連鍋上桌，鐵鍋火燙，有時還滋滋作響，進食時千萬要小心燙手燙嘴。事實上，這種特製的鍋就叫Paella，西班牙海鮮飯是因鍋而得名。

「四隻貓」餐館於一八九七年由西班牙藝術家拉蒙・卡薩斯（Ramon Casas）與佩雷・羅梅烏（Pere

伊比利亞火腿

西班牙的核果

Romeu）所共創，至今已有一百多年的歷史，設計裝潢的靈感來自巴黎的「黑貓夜總會」（Le Chat Noir），因為羅梅烏先生在那裡當過服務生。咖啡館和餐室都洋溢著濃郁的法國文藝沙龍風情，有鋼琴演奏，餐點也帶著些法國風味。我們在巴薩隆納的最後一天是自由行，我們夫妻倆特別約了兩位文友去參觀畢加索博物館，看完他的畫作後再去「四隻貓」歇歇腿，喝杯咖啡，吃些小點心。「四隻貓」躲在巴薩隆納老城的小巷弄中，並不好找，我們七彎八拐的才找到。但那裡仍不時座無虛席，我們很幸運的找到一張有四個座位的咖啡桌，高興的坐了下來。

只見那挑高的天花板垂下好多盞古雅的瓦斯吊燈，光暈昏黃，令人緊繃的神經馬上鬆弛下來，不知不覺的進入十九世紀的懷舊氛圍中。室內有好幾瓶鮮麗的瓶花，有香檳色的玫瑰，也有粉紅色的桔梗，優雅的色彩散發著勃勃生機，也令疲累的旅人精神為之一振。我點了蛋奶酥（Creme Brulee），其他人分別點了熱巧克力、奶油果凍等。我們一邊享用著風味細致，造型優美的甜點；一邊瀏覽四周五花八門的藝術作品，真覺得心曠神怡，意興遄飛。

「四隻貓」的牆上壁掛滿了名人的照片和畫作，最醒目的是一幅卡薩斯的自畫像——他抽著烟斗，彎著腰與另一位「四隻貓」的經營者羅梅烏腳踏雙人自行車的水彩畫，兩人都留著大鬍子，面容肅穆，一副同心協力，風雨同舟的模樣。目前這幅畫作，已收藏在「加泰隆尼亞國家藝術博物館」中供人瞻仰。我們喝完了咖啡，吃完了甜點仍捨不得走，便走進餐室裡亂逛，結果發現他們連洗手間都布置得很藝術，不但裝點著鮮花，也掛著水彩畫，令人關上門如廁後就不想出來。

畢加索說：「藝術是個謊言，卻是個說真話的謊言。」那文學呢？是不是也是個說真話的謊言？而我今天所寫的這篇歌詠巴薩隆納和「四隻貓」的文章，難道也是個說真話的謊言嗎？但這些都不重要，重要的是：啊！巴薩隆納，我終於經歷了妳，體驗了妳，並想進一步的擁有妳，成為妳的一分子。這絕不是謊言，而是我真實的情感與願望！

情迷大溪地

如果人間真的有天堂的話，那肯定非大溪地（Tahiti）莫屬了。我心儀大溪地已久，卻在二〇一五年的聖誕節才成行，並順便在那裡跨年，渡過除夕和新年，過了一個禮拜的美好假期。我們在大溪地的最後一天是一月二日，搭的是晚上十一點半的飛機，那天早上整理好行裝check out後，仍依依不捨的租了一部Euro Car，在大溪地本島環遊一圈，心裡輕呼著：大溪地，我必再來！

我為什麼嚮往大溪地如此之久才成行，跟大多數的人一樣，有一大半是因為它遠在南半球，不知要如何前往的緣故，而且市面上介紹大溪地的旅遊書也很少。我出門前跑遍美國、台灣的書店，只在Barnes & Nobles找到一本由Moon Handbooks出版的英文旅遊手冊，顯然大溪地在這兩國都不是熱門的景點。我上網研究了一陣子，才知道由舊金山飛大溪地，可以搭夏威夷航空公司（Hawaiian Airlines）的飛機，先飛六小時前往火奴魯魯（Honolulu），再由此轉機，飛六小時前往大溪地的首都——帕皮提

（Papeete），聖誕新年期間的機票，我提前四個月於八月時在Cheap Air預訂，每人就要一五〇〇美元，真不便宜。至於航程，聽起來簡單，在實踐上卻有點難度。

首先，夏威夷航空公司在這個熱門假期裡不是每天都有飛機。如聖誕節當天就停飛，我們只好在十二月廿六日出發，飛到火奴魯魯（Honolulu）後，得候機六小時才能接上飛機前往帕皮提，單程就要花十八個小時的時間！回程更糟糕，除夕沒航班，新年那天也沒有航班，我們被迫在旅館過年，只能在一月二日回家。而且回程航班排在深夜十一點半離開帕皮提，飛到火奴魯魯為凌晨時分，得候機八小時才能接上飛機，飛回舊金山。我們只好在火奴魯魯check in機場附近的Best Western Inn休息六小時，代價是一九八美元加稅，比起我們在大溪地本島所住的五星級洲際大酒店（Intercontinental Hotel）的每天一九一美元包自助早餐來，真是標準的敲竹槓！

幸好我們在大溪地旅遊時，碰到一位住在洛杉磯的法越混血女士。她告訴我從洛杉磯有Air France直飛大溪地，單程九小時可至，而且每天都有航班，交通甚為便捷。我回來後上網一查，果然如此，而且每人機票只要一一〇〇－一二〇〇美元之間，真是不經一事，不長一智！大溪地本來就時法國屬地嘛，怪不得Air France在洛杉磯有直飛班機！我與那位女士同團遊茉莉亞島（Moorea Island）一天，她優雅的談吐，秀美的形容，無不讓我想起法國女作家瑪格麗特．莒哈絲（Marguerite Duras）的中篇小說〈情人〉（The Lover）的女主角來。她生於巴黎，長於越南，夫婿是越南的華人，如今與女兒定居洛杉磯。這背後是否也有個浪漫而驚濤駭浪般的愛情故事呢？

但漫長旅途中的折騰磨難都是值得的！大溪地比我想像得更美更好：鮮潔的空氣，豐沛的氧氣，細白的沙灘，綠松石色的潟湖，七彩變幻的海水，環形的珊瑚礁，綠油油的熱帶叢林，艷麗的鳳凰花和金急雨，幽雅的睡蓮和荷花，結實纍纍的麵包樹和芒果，濃郁的人情味，甘美的飲食……無不令人流連忘返，至今仍難以忘懷。大溪地在一八八〇年被劃為法國屬地，如今的官方語文是法文和波里尼西亞語。土著為毛利人，精彩熱鬧的草裙舞名聞全球。

大溪地是一個擁有一一八個島嶼的群島，分為五大群島。其中最著名的三個小島是：大溪地島（Tahiti）、波拉．波拉島（Bora Bora）、茉莉亞島（Moorea），同屬於社會群島。大溪地島也是首府帕皮提（Papeete）和國際機場的所在地，茉莉亞島（Moorea）離大溪地島有三十五分鐘的船程，可以當天來回；從大溪地島到波拉．波拉島（Bora Bora），則需要搭大溪地航空公司（Tahiti Airlines）的飛機，航程四十五分鐘，價格真不便宜，每人三五〇美元！最好計畫兩天一日遊，在當地的旅館住一個晚

▍風景如畫的波拉波拉島

▍波拉波拉島七彩變幻的海水

上，才值回票價。

我本是因為迷上了法國印象派畫家高更（Eugène Henri Paul Gauguin，一八四八－一九〇三）的大溪地土女畫，以及嚮往波拉．波拉島（Bora Bora）的南太平洋風情，而千里迢迢的飛來朝聖。沒想到大溪地本島的高更美術館，早已在二〇一三年六月關閉；而曾是第二次世界大戰的美軍基地的波拉．波拉島，現在早已不見任何美軍蹤影，而純粹是一個寧靜祥和，風景幽美的渡假小島。我們有一天租了一部小車，在波拉．波拉島環島一周，深為那翠綠的山巒，陡峭的山谷所迷。我輕輕的哼著「南太平洋」（South Pacific）的主題曲「Some enchanted evening......」，只覺得無比祥和寧靜，以前那硝煙遍地的戰時景象恍如一夢。

大溪地近年來民族主義高漲，想當年高更在十九世紀帶著白人的優越感來到了大溪地，專門勾引十三、四歲的大溪地土女，娶了兩房妻室，擁有無數個情人，最後得梅毒而死，享年五十五歲。如今在大溪地島，只有在「旅客資訊中心」（Tourist information）外面，可以看到模仿他的繪畫的壁畫，他的故居兼美術館早已不得其門而入。

我們剛抵達大溪地的第一天，參加了大溪地島半日的Island tour，我認真的聽完導遊Angela以流利的英文介紹玩高更的生平後，加了一句評語：「原來高更是個好藝術家，卻不是個好丈夫！」Angela馬上毫不示弱的回應道：「誰在乎呢？當時所有的大溪地女人可都自動投懷送抱呢！」可不是嗎？當時的法國白人在大溪地高高在上，高更又是來自巴黎的富人，哪個女人不想巴結投靠呢？反正法國人也有不成文的情婦制，已婚的高更在大溪地弄個三妻四妾，號稱「回歸原始」，也沒有什麼稀奇。

但是今非昔比，風水輪流轉，多情好色的法國人在大溪地早就靠邊站了。現在大溪地變成了勤儉持家的華人的天下，尤其是來自中國大陸的客家人。華人人口只佔大溪地群島的三分之一，卻幾乎掌握了當地所有的經濟命脈，也登上了大溪地的政治舞台。大溪地豪華大酒店的老闆幾乎都是華人，包括我們所入住的五星級洲際大酒店（Intercontinental Hotel）在內。此外全世界百分之九十五的黑珍珠來自大溪地，華人也壟斷了當地的黑珍珠企業，大溪地群島上的黑珍珠大王溫惠仁（Robert Wan），就來自廣東東莞。

大溪地是採購黑珍珠的天堂。大溪地的環形珊瑚礁特別適合養殖黑珍珠貝，因此養殖黑珍珠是大溪地最重要的經濟產業。在大溪地到處可以看到賣黑珍珠的店鋪，大溪地本島還有由溫惠仁先生所開設的「珍珠博物館」（Pearl Museum），位於熱鬧的

美麗的黑珍珠

市區，展示著養殖黑珍珠的過程，和黑珍珠的精品，很值得一遊。那些美麗的黑珍珠多姿多彩，不只是灰黑色，也有淡金、銀灰、翡翠、松青、寶藍、墨綠……諸色，在燈光下閃爍不同的光澤幻彩，令人心醉神迷。顏色愈美麗稀有的黑珍珠愈是昂貴，橢圓形的黑珍珠又比圓形的來得珍稀。據說配戴黑珍珠目前已成為巴黎的時尚，我不禁的買了項鍊、耳環、戒指各一份，把大溪地海水的精華帶回家慢慢的欣賞品味。

大溪地也是個鮮花的國度。大溪地在南半球，靠近赤道，是標準的熱帶氣候，只有乾、雨季之別，而無四季之分。全年恆溫，氣溫在攝氏二十五度到三十三度之間。五月到十一月是乾季，十二月到四月是雨季。聖誕新年期間，正是鳳凰花盛開的季節，有艷紅、橙紅、金黃之分，艷麗不可方物。導遊Angela說那些鳳凰花從台灣傳來，在當地被稱為「孔雀樹」（Peacock tree）。我們逛了一趟大溪地的花市，真是花香瀰漫，美不勝收。大溪地女郎喜歡在頭上戴花環，在身上戴花圈。我也不能免俗的買了一個白色的花圈戴在身上，那些白花散放著馥郁的香氣，令人心花怒放。據說名叫「大溪地的櫻桃」（Cherries of Tahiti），是當地的原生花卉，一串要一千太平洋法郎（CFP），相當於十美元。

大溪地本島的熱帶植物園，是賞花的好去處。大溪地的島花叫Tiare，是一種茜草科的植物，開六－八瓣的潔白小花，在植物園裡長得十分茂密威蕤。熱帶植物園裡還有幽靜的睡蓮池，開著淺紫的睡蓮，像是莫內筆下的印象畫；也有和荷葉田田的荷塘，開著粉紅的荷花，令人想起張大千筆下的墨荷，東方與西方竟在這裡奇妙的交匯著。園中並有紅薑、飛瀑、金急雨，組成一個幽美而令人著迷的熱帶樂園。只是蚊子有點多，千萬別忘了噴一些防蚊藥水！高更美術館就在熱帶植物園隔壁，是高更昔日所居住的法式莊園，佔地廣袤，可嘆如今大門深鎖，人去樓空！

大溪地也是游泳、浮潛、深海潛水（scuba diving）的天堂。大溪地常年恆溫，游泳池和海水都是溫暖的，令人一下水就不想起來。在大溪地旅遊，最好是一大早七點半氣候清涼舒適出發，然後玩到中午一點左右天氣正熱時回來，在旅館中小憩一番，下午四點後再出去游泳玩水消暑，順便來杯椰子汁解渴，躺在游泳池旁看看美麗的海景，真是身心舒暢，南面王不易。十二月雖然是雨季，但通常兩三天才下一次雨，而且多半下個一小時就結束了，一點都不需擔心。

我在大溪地最難忘的回憶，是在游茉莉亞島（Moorea）的那天，居然能在那清澈溫暖的海水中，與許多的魔鬼魚（Sting Ray）和小鯊魚共游共舞，和平共存！那些醜陋魔鬼魚是如此的可愛，我輕輕的撫摸牠們，只覺得滑不溜丟的很順手；我將牠們擁入懷內，牠們也很馴服的依偎在我懷中，一點也不咬人；事實上，魔鬼魚也可以製作成可口的佳餚，但由於大溪地嚴格的生態保護法，魔鬼魚是禁吃的，因此牠們一點都不畏懼人類。

大溪地是鮮花的島嶼

與魔鬼魚共舞

其實在別的海域，魔鬼魚是會咬人的，而且咬得很痛。我有一個喜歡深海潛水的朋友小玲，在美國的佛羅里達州浮潛時就被咬過，痛得她哇哇大哭，還進了急診室急救。至於那些小鯊魚，牠們就在我的身邊游來游去，我不犯牠，牠不犯我，就像我們那位長得像食人族的導遊所說的：「They are plastic！」只要不伸手摸鯊魚，牠們就不會咬你。鯊魚顯然一點都不怕人，可能在大溪地牠們也是禁捕的！鯊魚在中國人看來，可是一種美食啊，尤其是那名貴的魚翅！

大溪地最迷人的還是濃郁的人情味。旅館的櫃台人員都服務周到貼心，很有禮貌。而且無論你到那一個小島去玩，只要在某家旅館內吃頓午餐，或在酒吧點杯飲料，便可被允許使用他們的游泳池，和他們免費提供的毛巾和更衣室。我們一月二日的回程航班被排在深夜十一點半離開帕皮提，我們只好早上就check out，租了一部車環島遊大溪地本島，傍晚玩得一身臭汗回來後，洲際大酒店的經理仍允許我們使用他們的貴賓更衣室淋浴兼更衣，一身舒爽的踏上我們的歸程。

最令人稱道的我們竟被免費招待參加酒店的豪華跨年晚會，享用豐盛的新年大餐，只因為我們在那裡連續住了七個晚上，原來每位是要索價三五〇美元的！跨年晚會中有精彩的大溪地草裙舞，新年大餐中有香檳、鵝肝、魚子醬、螃蟹、龍蝦……等，隨你吃到飽。我們因此決定：下回去大溪地，還是住洲際大酒店，並在那裡跨年！

▍大溪地草裙舞

航行地中海
——亞德里亞海之夢

每年一到五六月，地中海遊輪（Mediterranean Cruise）的旺季就開始了，可以一直風靡到秋季。於是我周圍的親朋好友們紛紛踏上地中海之旅，看得我心癢難熬，不禁起而效之，也在二〇一六年六月份參加了由Holland America主辦的「亞德里亞海之夢」（Adriatic dream）的地中海之旅，頂著烈日，悠哉悠哉的暢遊嚮往已久的地中海諸國一番，乘興而去，興盡而返。除了行程精彩外，這家遊輪公司的服務貼心，食物美味，價格公道，也頗令人稱道。

好友們都說搭遊輪渡假是會上癮的，好像有一點道理。我一共搭過三次遊輪，有漸入佳境之感，愈來愈喜歡搭遊輪了。搭遊輪的好處是：只要一住進船艙，就不必再操心自己的行李。三餐有人供應侍候，房間有人整理，每晚只管舒舒服服的睡大覺，第二天醒來就已經抵達一個嶄新的異國城市，不必車船勞頓，風塵僕僕，不亦快哉！

何況船上還有精彩的歌舞秀和電影可以觀賞，有閱覽室可以閱讀，有游泳池可以戲水，有健身房可以健身，因此人氣愈來愈旺。有些遊輪公司甚至已經推出環遊世界五十天的行程，每人價格至少在十萬美元以上，參加的人竟然也還不少。

舉辦地中海之旅的遊輪公司很多，路線也各不相同。我們選擇Holland America遊輪，是因為聽說它小而美，品味高，而他們所策劃的十二天「亞德里亞海之夢」路線看起來十分精彩緊湊，所停留參觀的景點幾乎都是聯合國的世界文化遺產，只有一天是在海上航行，其他的日子每天都靠岸，乘客們可以下船參觀遊覽，不太會覺得無聊。我們每天都參加岸上旅遊團（shore excursions），雖然多花點錢，但有人安排交通，有導遊講解行程，玩得既輕鬆又充實。

鳥瞰杜伯尼克古城

亞德里亞海是地中海的內海，一路上風平浪靜。我們的行程是：第一天從羅馬上船，直航到拿波里（Naples），參觀附近的龐貝古城（Pompeii）和美麗的阿瑪菲海岸（Almafi Coast）；第二天整天在海上航行，第三天中午才抵達希臘的克里特島（Crete Island）。接著再航經希臘的聖托里尼島（Santorini），土耳其的庫薩達西市（Kusadasi，即Ephesus）、希臘的雅典市、奧林匹亞市（Olympia）、科夫島（Corfu）等地，再經過東歐小國克羅埃西亞（Croatia）的杜伯尼克古城（Dubrovnik），和史普利特市（Split）附近觀賞疊瀑，最後在威尼斯下船。我們還自己在威尼斯多停留一天，自助旅遊，多體會這個著名的水都的風貌。

我們印象最深的景點是龐貝古城，阿瑪菲海岸，聖托里尼島，和科夫島。不但建築宏偉，風光明媚，並有動人的歷史故事可以回味。至於克里特島、雅典、奧林匹亞、以弗所（Ephesus）的古跡都是百聞不如一見，相當的殘破，晒著炙人的烈日，在華氏一百度左右的高溫下觀賞這些散亂的遺址，即使導遊的講解再有趣，也聽得頭昏腦脹，真是標準的「看石頭，晒日頭」，苦多於樂。最辛苦的是參觀雅典的眾神殿時，得在擠得水泄不通的遊客中，花半個小時的時間爬上一個小山丘，才能一窺堂奧。即使如此，可以親眼目睹這些西元前的西洋歷史文明遺址，還是令我覺得不虛此行。

相形之下，龐貝古城保存得相當完善，可看之處甚多，比較能令人發思古之幽情。根據我親眼所見，市內的中心廣場、許多房屋和一些別墅，都被保存得非常完好，在近郊甚至還發掘出一家旅館，遊客們可以自由自在的入內參觀。龐貝古城本來是一個非常繁華的城市，但在西元七十九年八月二十四日，卻在一剎那間被維蘇威火山爆發時所流出的熔漿所覆蓋掩埋。有人說那是它的報應，因為該城的人生活相當的荒淫奢侈。後來龐貝古城在一五九九年被挖掘出來後，大家一看，果不其然，遺址處處都可以發現色情的壁畫與雕塑。

然而，就像朱自清先生在他的散文《滂卑故城》（今譯名為龐貝）中所說的：「滂卑的淫風似乎甚盛。他們崇拜男根，相信可以給人好運氣，倒不像後世人做不淨想。街上走，常見牆上橫安著黑的男根；器具也常以此為飾。」我們那位幽默的意大利女導遊生怕我們沒注意到，一路上不停的特別指點給我們看，眾人無不發出會心的微笑，紛紛拍照留念。

阿瑪菲海岸（Almafi Coast）是意大利南部索拉諾省蘇連多半島南側的一段海岸線，一路上有許多櫛次鱗比的小城鎮，以風光明媚著稱於世，好像是地中海畔的一串美麗的珍珠似的，也是聯合國所指定的世界文化遺產。在這裡可以看到細柔的白沙海

▍俯瞰龐貝城

▍修護良好的龐貝城遺址

灘，碧綠的葡萄園梯田，結著金黃檸檬的果園，紅瓦白牆的民房，高級豪華的旅館，有錢人美輪美奐的別墅，好像是一個人間天堂。

據說在西元十一世紀時，這裡曾建有阿瑪菲大公國，因此目前這個地區仍以阿瑪菲市為中心。從阿瑪菲市區可以搭船出海，到海上的許多小島去遨遊，包括著名的卡布里島，那裡可是以前意大利皇族的渡假勝地啊！可是它需要兩小時的船程，我們時間不夠，只好忍痛放棄。跟大夥兒搭船在海上兜了一圈後，我們決定嘗嘗當地的特產：檸檬汁。結果那杯檸檬汁是真正的lemon juice，非常濃縮，只有新鮮現擠的檸檬汁加冰塊，而不是美國那已加糖加水的lemonade，而且一杯索價五歐元。

聖托里尼島（Santorini）是位於愛琴海南部的一個島嶼，有許多新婚夫婦不遠千里而來，到這裡來渡浪漫的蜜月。這裡的房子白得發亮，配上大藍色的屋頂，風景只能用「聖潔」兩個字可以形容。這裡的天氣還適合種葡萄，因此郊區設有酒廠專門釀葡萄酒，遊客們可以順便去品酒，嘗嘗正宗希臘葡萄酒的風味。我覺得希臘葡萄酒的滋味很特別，但比不上加州酒的滑潤順口，因此淺嘗即止，並未購買。

聖托里尼島市區都是一些彎彎曲曲，高高低低的小巷，蓋滿了別緻的紀念品店，和靠海的餐館。我們選了一家看起來最有情調的餐館，臨海而座，餐桌旁剛好就是著名的東正教堂的屋頂，藍頂白牆，看得人心曠神怡。我看了菜單一眼，隨意點了羊乳酪沙拉、希臘烤羊排、烤鱸魚等菜色，結果都美味超群，是我所吃過的希臘菜中最精緻的，比後來在雅典、奧林匹亞、科夫島吃得都好。隔桌坐著一對年輕的華裔男女，男的英俊，女的美艷，不停的在拍照取景。攀談之下，才知道他們原來是特從中國成都來這裡渡蜜月的，將有四天的停留，不像我們這麼走馬看花。天涯若比鄰，相逢自是有緣，我們聊得開心，不禁合照留念。

科夫島是希臘的領土，但它的氣候卻自成一格，是海洋性氣候，而非地中海型氣候。它是一個位於愛奧尼亞海的小島，歷史悠久，曾出現在希臘神話，和荷馬的史詩《奧德賽》中。島上植物茂密，風景幽美，並有許多迷人的海灘。可惜我們抵達的那一天剛好下暴風雨，無法盡興的在室外遨遊，只能參觀著名的修道院和阿基力斯宮（Achilleus Palace）。美貌的奧匈帝國的西施皇后（Sisi），特別喜歡科夫島的風景，常常一個人來這裡渡假，因此把阿基力斯宮裝修得美輪美奐。宮中有她的臥室，放著一張小床，牆上掛著她的畫像，果真是一位苗條的絕色佳人！但她為何常遠離奧匈帝國的首都維也納，獨自一個人跑到這裡來逍遙呢？

俯瞰雅典眾神殿遺址

俯瞰聖托里尼

很藝術的紀念品（聖托里尼）

因為在西施皇后富貴風光的表面，其實有著無限的辛酸。她的丈夫很愛她，她的婆婆卻不喜歡她，常常跟她作對，挑撥離間他們夫妻間的感情。主因是西施雖然出身貴族，卻非常同情平民，不時想為他們謀福利，跟她的婆婆的想法格格不入。最具諷刺性的是，她最後卻被一個憤怒偏激的平民所謀殺，時間是一八九八年，她享年六十歲。我小時候看過一部叫《我愛西施》的好萊塢電影，由著名影星亞蘭德倫（Alain Delon）和羅美雪妮黛（Romy Schneider）主演，所演的就是這一段動人的歷史故事。我那時年幼無知，只知道欣賞俊男美女，宮闈繁華，而絲毫無法體會西施皇后婆媳失和的痛苦。看樣子嫁入皇家，還真是一入候門深似海啊！

我們在航行地中海快要結束時，已經在計畫下一個遊輪之旅了。下一次是要去南美洲遨遊呢，還是要去澳洲和紐西蘭探險，或去加勒比海逍遙呢？或者我們乾脆存夠了錢，參加他們的環遊世界五十天之旅呢？人生有夢最美，遊輪之旅提供給每一個人一張計畫未來的夢想藍圖，叫人如何不愛？

威尼斯散記

二〇一六年六月踏上地中海遊輪之旅，終點就是威尼斯。在電影和小說裡的威尼斯，總是那麼浪漫旖旎，我們對它心儀已久，特地在這裡多停留一天，以領略她那嫵媚的百變風情。

以前從魅惑多變的威尼斯嘉年華面具，多彩絢麗的威尼斯玻璃，壯麗寬濶的聖馬可方場裡去認識威尼斯，對威尼斯充滿了浪漫的懷想。親臨其地後，對它卻有百聞不如一見之感。首先是交通不便，物價高昂。威尼斯是個由一百個島嶼所組成的城市，一切的交通只能靠水路聯絡。要嘛搭公共水上巴士，要嘛搭私人水上計程車。我們下了遊輪，扛著行李，要去我們預訂的旅館，只好搭了一部私人水上計程車，半個小時的船程，就索價七五美元，總算領略到威尼斯的驚人物價。旅館房間雖不怎樣，一晚的價格也在二五〇美元左右。後來又搭過公共水上巴士，船搖晃得很厲害，我有點暈船，因此對著名的「貢多拉」（gondola）遊船，我們也只看看就算了，並未搭乘。

旅館離聖馬可方場有十分鐘的腳程，我們信步走去，對它的破舊雜亂卻有點失望。遊客滿坑滿谷，擁擠得像菜市場：這就是多少好萊塢電影裡男女主角定情的地方？聖馬可方場的主體是一座天主教堂，教堂四周開了許多餐館，有樂團在演奏古典音樂，只歡迎食客聆聽。我們下午時分走進一家餐館小憩，點了一客水蜜桃冰淇淋，它用閃閃發光的金盤子送來，味道雖美，索價約二十美元。這個方場到了晚上海水倒灌時還會淹水，因此到處都是斑駁的水漬，來這裡吃晚餐要有心理準備。

貢多拉

我們信步走進一家旅館，看到一個極美麗的玻璃吊燈，不禁引起我次日一遊慕拉諾島（Murano）的慾望。威尼斯從歐洲中古時代就開始生產玻璃，至今已有七百多年的歷史了。它的玻璃工藝據說最早傳自玻璃發源地——中亞細亞，西元一二〇四年的十字軍東征，和西元一四五三年的鄂圖曼土耳其人的入侵，都使東羅馬帝國的首都君士坦丁堡陷落，使災民們紛紛擁入繁華的威尼斯避難，也順便將他們的玻璃工藝傳了進來。最初，威尼斯的玻璃工廠原都集中在市內，所以西元一二二四年時威尼斯已擁有了玻璃工會組織。後來不知何故，這些工廠紛紛搬到附近的慕拉諾島（Murano）上而營業至今，因此慕拉諾可說是當今的「世界玻璃之都」了！也是旅遊威尼斯的必遊景點之一。

威尼斯人擅長燒製無色的透明玻璃，術語叫「水晶」（crystal），目的就是要模仿水晶的晶瑩剔透。然後再將這些無色的透明玻璃著色，鍍金，上釉，成品看起來晶瑩美麗，無論是用來做吊燈，燭台都很出色。他們還擅長一種難度極高，名叫「七彩鑲嵌」的技術，工匠們將許多不同顏色的玻璃黏在一起，使得成品色彩繽紛，煥發出夢幻般的光澤。

我們從聖馬可方場附近的碼頭上船，大約半小時左右就到了慕拉諾島。島上的大街小巷裡果然星羅棋佈著形形色色的玻璃藝品店，我們隨意走進旅館經理推薦的一家，去參觀燒製玻璃的過程。只見玻璃藝匠們站在高溫的鐵爐前揮汗工作，十分的辛苦。成品都很精美，尤其是玻璃吊燈跟酒杯，令人恨不得買一些帶回家，但一看價

威尼斯玻璃吊燈

格，再想到運費，不禁令人望而卻步。他們燒製酒杯最出色的技術，就是趁玻璃熔液尚未凝固前，用箝子在杯腳加工，在兩側拉出對稱的「翅膀」，有時還將這對「翅膀」進一步塑造成動物，人臉，或花草的形象，形成它的一大特色。有的杯腳因裝飾太多，凹凸不平，已經讓人無法用手端握，而使那只酒杯純粹成為裝飾品了！

我們在慕拉諾島上吃午餐。說到美食，威尼斯本來是北意大利美食的中心，以海鮮菜著名於世。名菜有墨魚汁意大利麵、烤海鮮、海鮮麵、炸魷圈、地中海烤蔬菜等，我都一一品嘗了，只覺得海鮮非常的新鮮，每樣菜的風味也很特殊，名不虛傳。墨魚汁意大利麵是用墨魚汁去燴煮意大利麵，一大盤黑溜溜的，滋味倒還鮮美。地中海烤蔬菜是將筍瓜，茄子，黃椒，紅椒等地中海盛產的蔬菜片得薄薄的，用橄欖油烤得略為焦黑再端上桌，原汁原味。最好吃的是烤海鮮，也是原汁原味，火候恰到好處，只要灑點鹽和檸檬汁就很出色。

美中不足的是馬可波羅機場的交通不便，雜亂無章，比聖馬可方場還像菜市場。馬可波羅是威尼斯人，因此這個機場也以他為名。我們只能搭私人水上計程車到機場外圍，然後拖著行李，走一大段路到機場check in。經過一番折騰，好不容易拿到登機證，誰知法航飛巴黎的班機卻誤點兩小時，使我們沒趕上從巴黎起飛，飛回舊金山的班機，被迫在巴黎渡過了一個晚上，更令人深惡痛絕。

總之，我覺得威尼斯這個城市已經變得太觀光化，太昂貴，許多的配套又沒有做好，令人減少了不少旅遊的樂趣，使我有點乘興而去，敗興而返。幸好還參觀了久仰大名的慕拉諾島（Murano），品嘗了威尼斯的美食，總算是不虛此行了。

威尼斯面具

人潮洶湧的聖馬可廣場

清邁紀行

——紀念鄧麗君逝世二十週年

我二十年前就曾去過泰國的曼谷自助旅遊，十年前又再去過一次，總共兩次。當時雖頗為曼谷那繁華的市容，金碧輝煌的皇宮，炫麗奇巧的佛教廟宇，浪漫的水上市場，四時不斷的鮮花水果，酸辣甜香的泰國菜所迷，我卻也頗為那潮濕炎熱的氣候，喧囂雜亂的交通，汙染的空氣，無所不在的毒蚊子，和某些不專業的曼谷導遊所苦。心裡不停的在想：泰國是不是也有一個天氣比較涼爽，空氣比較新鮮，毒蚊子較少，民情也比較淳樸的地方？最近我終於找到了答案，那就是泰國北部的清邁（Chiang Mai）！

泰國的觀光業雖然發達，卻並不是個很適合外國遊客自助旅遊的國度。泰國是東南亞中唯一未曾被西方列強殖民統治的國家，因而得以保持本土文化的原汁原味，濃厚的異國情調和獨特的美食吸引著全世界的觀光客前來探訪；但另一方面這卻也使泰國的某些社會層面不夠國際化，無法跟國際接軌，造成外國遊客的不便。例如：現在的曼谷機場大得驚人，比起香港和吉隆坡毫不遜色。但龐大的機場內所有的標示都不夠清楚，遊客在那裡轉機得走許多冤枉路。機場人員又很少能以流利的英文跟外國遊客溝通，真令人精疲力竭。曼谷導遊也多半不諳英文，又常帶遊客去強迫購物，令人氣悶不已。

然而，我也聽說位於泰北高山的清邁（Chiang Mai），有「北方的玫瑰」之稱，是一個著名的世外桃源，風光明媚，山明水秀，民風淳樸。不但氣候清涼，是泰國的避暑勝地，還盛產美女。泰國的前總理——美麗的英拉・欽那瓦（Yingluck Chinnawat，任期二〇一一－二〇一四）——便來自清邁，是泰國的華裔富商，也是泰國有史以來的首位女首相。名揚國際的台灣歌星鄧麗君也在一九九五年五月八日猝死於清邁，這一切都使我非常嚮往清邁，常夢想到清邁一遊，而且一定要聘請一位精通華語或英文的導遊陪同，以便盡興暢遊。

現代的清邁住了許多藝術家和音樂家，因此被泰國定位為成「文創城市」，目前正在申請聯合國教科文組織的「世界創意城市」中。清邁也是一個旅遊勝地，曾被旅遊雜誌〈Trip Advisor〉票選為二〇一四年世界二十五大最佳旅遊地中的第二十四名，難怪遊客如織。不但台灣客、大陸客特別多，也不時見到金髮碧眼的洋人。據說鄧麗君生前就熱愛清邁的風土人情，每年都要帶住法國男友Paul，一起在清邁住上三個月，享受那裡溫暖的陽光和新鮮的空氣，據說她為人隨和，深具親和力，很能跟當地人打成一片。

我終於在二〇一五年二月一償宿願。我們夫妻兩人跟台北某家專門經營「泰國兩人自由行」的旅行社合作，選了一個五天四夜的套餐行程，不但去了清邁，還去了前所未聞的清萊（Chiang Rai）和金三角，價格也頗合理。雖然「百聞不如一見」，事實跟想像難免有一段距離，清邁並不完全是我想像中的美麗世外桃源，但我們還是開了不少眼界，增長不少見聞，玩得盡興而歸。

從台北去清邁的泰國航空（Thai Airlines）班機，得一大早七點多從桃園的中正機場出發，先飛四小時到曼谷；然後再從曼谷轉搭泰航的國內線，飛一個半小時去清邁，我們抵達清邁機場時已是下午三點了，真是一段相當辛苦疲累的旅程。我們出發時台北氣溫是攝氏十三度，抵達清邁時氣溫卻高達攝氏三十一度，好像一下子從冬天飛到了夏天。有一名泰國華僑在機場接機，那就是我們的導遊了。他不但會講普通話，也會講廣東話。一碰面後，他就馬上要帶我們去清邁古城坐嘟嘟車觀光。我們高高興興的搭上預訂的旅遊小巴，開始了我們的清邁之旅。

個性溫和的導遊話雖不多，服務還算週到，而且強調我們的行程中絕無購物。我們的旅遊小巴是六人座，還有專業司機開車。他先帶我們去參觀了「清邁藝術文化中心」，位於清邁古城內。這座博物館建於一九二四年，有展示清邁的歷史資料、清邁人古今生活、清邁佛教文化、農業及山地民族資料等。位於文化中心的正前方，有一座著名的三王雕像，就是三位對清邁有重大貢獻的領導者：蘭甘亨大帝、孟萊王和南蒙王並立，常有當地人在雕像前燒香獻花，以示尊敬。

泰國古名「暹羅」，但在一八九二年時才正式將清邁納入版圖。因此直到如今，仍有一些泰國人覺得清邁好像是另一個國度，因為當地的民族、語言、文化、飲食都跟泰國的中南部有很大的差別。我們到了清邁後也有同樣的感覺：比起位於泰國南部的首都曼谷來，清邁真的像是另一個世界！曼谷是個多元化的國際大都會，繁華喧囂，民眾三教九流，龍蛇混雜；清邁卻是充滿佛教氣息的小山城，寧靜平和，不但佛寺遍佈，而且還有大象學校和蘭花園，可以觀賞有趣的大象表演和美麗的蘭花，人民也單純而友善。

清邁目前是泰國第二大城，也是清邁省的首都，距離曼谷七百公里，倚靠著泰

大象表演

騎大象過河

國最高的青山，位於清澈的平河流域中，風景幽美，物產富庶，人口二十五萬人，是泰北的政治經濟文化中心。在泰國古代，清邁也曾經是歷史長達六百年，由孟萊王所建立的「蘭納王國」（Lana Dynasty，一二九二－一八九二）的首都。孟萊王是傣阮族，他的母親是西雙版納景洪的統治者的女兒，父親是泰國清盛一帶的統治者。清盛也是泰國的古都之一，位於清萊以北，於西元六五九年建國，曾是一個獨立小國家，後來被緬甸入侵，並統治了二五〇年之久才被暹羅國奪回，目前也是泰國的一部分。

孟萊王建立了清萊和清邁兩座城市，曾經領導蘭納和西雙版納的傣族人民抗擊蒙古侵略者，使蘭納歷史上出現了第一次高峰。他原建都於清萊（Chiang Rai），後來才搬到清邁，並將「蘭納王國」改名為「蘭納泰王國」（在中國的元代史料中稱為「八百媳婦國」）。一五六四年起蘭納泰王國被緬甸控制，但一七七四年吞武里王朝的國王鄭信，又將它從緬甸人手中奪回。

吞武里王朝（一七六九－一七八二）是泰國歷史上的第三個統一王朝，由一位年輕的將軍達信所建立，定都於吞武里。該王朝以「鄭」為國姓，因為達信是中國與泰國的混血兒，中國歷史上也稱為「鄭信」。他在東南沿海一帶組織了一支抵抗緬甸的軍隊，趁著清緬戰爭時收復了清邁等地。

十九世紀中葉後期，拉瑪五世就任暹羅國王，撤銷了藩王制度，正式在清邁地區建府（省），清邁市成為清邁府的首府，清邁從此成為泰國的一部分，而且從一九八〇年起逐漸發展成泰北的重要城市和旅遊中心。十四世紀以來，蘭納王國的國王篤信印度的小乘佛教，在各地建立佛寺，清邁逐漸成為泰國的佛教勝地，最著名的佛寺有三王寺、素帖寺、柴迪隆寺等。一四七七年蘭納泰王國的提洛卡拉王，曾經在柴迪隆寺舉行第八次世界佛教會議，是為清邁市的黃金時代。

清邁省北部與中國雲南的西雙版納接壤，因此當地的民族大多是傣族，也有孟族、長頸族、拉祜族等少數民族。我也去過雲南的西雙版納兩次，見識過那裡傣族女子的花容月貌，能歌善舞。她們身材修長曼妙，烏亮的頭髮，雪白的皮膚，大大的眼睛，尖尖的下巴，跳起孔雀舞柳腰款擺，尤其迷人，清

清邁出美女

邁的美女自然也不遑多讓。

我們抵達清邁的第一個晚上，導遊就帶我們去「蘭納文化村」享用當地著名的「康托克帝王餐」（Khantoke），一邊吃一邊觀賞皇家歌舞表演。康（Khan）是圓盤的意思；托克（Toke）則是小圓桌，早年是蘭納王朝時宮庭裡用餐的形式，後來在清邁的習俗裡，它已經變成了宴客的主要形式。

整套的康托克餐宴共有六樣菜式及一樣沾醬，包括了香甜的炸米果、番茄肉醬、滷豬肉咖哩、炸豬皮、蠔油炒青菜、炸雞及清邁特有的紅辣椒沾醬，搭配白米飯，和蒸糯米飯一起食用，與泰國南部的曼谷菜餚大異其趣。上菜時，只見所有的菜餚都用小碗裝著，全部擺在一張小圓盤上，兩人一套。露天用餐，空氣頗為新鮮。只是清邁的日夜溫差頗大，傍晚時溫度居然從攝氏三十一度驟降到攝氏十八度，我們都覺得涼颼颼的。幸好菜餚口味濃烈鹹香，足以禦寒。原來清邁位於山區，不產海鮮，當地人的飲食口味比較厚重，主食是白米、豬肉、雞肉、青菜、糕點等。因為篤信佛教，他們絕對不吃牛肉。

後來我還發現：清邁真是個屬於鄧麗君的城市！據說她的名曲〈小城故事〉就是為清邁而創作的，如今在清邁的大街小巷，仍不時可以聽到她唱「小城故事多，充滿

鄧麗君套房的內部擺設

喜和樂」的甜美歌聲到處流淌，無所不在。另外一首她最受歡迎的名曲是：〈月亮代表我的心〉。她生前住在清邁時，總下榻於「湄濱酒店」（Imperial Mei Ping Hotel）的總統套房，每晚一千美元，而且一住就是三個月。根據媒體報導，她一九九五年就在那個房間內哮喘病發，送到醫院急救無效而病逝，享年四十二歲。現在那個房間仍保持當時的原狀，被設立為「鄧麗君紀念館」，想參觀的遊客要另付八百泰銖（約等於二十五美金）的門票，包括在酒店內享用一頓包括水果和甜點的美味下午茶。

我們當然特地去了「湄濱酒店」，深為她所住的那間一五〇二號總統套房的豪奢而驚嘆：不但有優雅的大客廳，還有懸掛著水晶吊燈的大餐廳，放著一張可容納十人的餐桌，餐桌上裝飾著深紫的蘭花。浴室的寬敞更令人羨慕：不但有亮麗的梳妝台，還有大理石按摩浴缸！鄧麗君生前如此享受，雖只活了四十二歲，已經不虛此生。一般媒體報導都說鄧麗君猝死於哮喘症，但也有人覺得她死因可疑。當天導覽的「湄濱酒店」經理就告訴我們：鄧麗君死時臉上有瘀青和針孔，她或許另有死因。至於真相如何，我相信歷史會告訴我們最好的答案！

我們還參觀了素帖寺。素帖寺又名雙龍寺，是泰國北部最神聖的寺廟之一，離清邁市區十五公里，海拔三五二〇公尺，建於一三八三年，是清邁最重要也最顯著的地標。從清邁的任何地方都可以看到素帖寺。素帖寺的平台海拔一〇五三公尺，本可以把清邁市全景盡收眼底，以前據說可以俯瞰整個清邁市及鄉間的美麗景致。但近幾年到了冬季的耕種季節，由

鄧麗君住的1502號套房

於農民們買不起肥料，就燒瀝青來肥沃土地，結果讓整個泰國北部開始變得烟霧繚繞，能見度不高，我們當時也看不清楚，只覺得清邁市容像霧又像花，倒是由「湄濱酒店」的「鄧麗君紀念館」俯視，還看得清楚些。

素帖寺以一座金碧輝煌的佛塔為中心，四周圍造起禮拜祈禱，頌經說法的殿堂，塔座供著形形色色的佛像。四周香房內烟霧繚繞，香火興旺。據說在這座金光耀眼的佛塔中，供奉著佛祖釋迦摩尼的舍利子，引得一年四季香火不斷，世界各地的善男善女都遠道而來給佛祖進香。寺內中庭有一株古老的波羅蜜樹，結著大大小小的果實，綁著紅紅綠綠的布條。我經常吃到波羅蜜的果肉，甜香可口，卻第一次看到波羅蜜樹結果的模樣：原來那些棕黃色的果實，都是直接從粗大的樹幹裡長出來的！連結果實的枝幹很短小，與橢圓的碩果形成強烈的對比，居然可以支撐它們的重量而不折斷，真令人歎為觀止。

長頸族的小女孩

清邁市內種著許多刺桐樹，二月正是花開季節，開著一串串艷紅如火的花朵，為清邁的市容增添了不少艷色，原來刺桐花正是清邁的市花。我的家鄉台灣屏東縣也有刺桐樹，一般也在冬天開花，我常戲稱它是「寒冬裡的一把火焰」。其實清邁的夜市，看其來也有點像屏東的夜市，非常鄉土樸實，也賣著許多熱帶佳果。只是屏東縣雖也山青水秀，還有美麗潔白的海灘，和名聞國際的墾丁公園，卻缺少一座像素帖寺那麼壯麗的佛寺，也沒有一個像鄧麗君那樣的名歌星來替它背書，倒令我為我的家鄉抱屈了！

越南隨筆

——在浪漫與恐怖之間

近年來因越南與中國發生領土糾紛，曾經導致了令人遺憾的「越南排華」事件，重創台商在越南的投資事業。事後經過台灣政府的外交斡旋，雖然越南政府已答應要賠償損失，卻尚未訂出確切的時間表和金額來，使得這些台商非常失望，計畫遠走他國，另謀發展。這也令我讓我想起了我幾年前那一趟不愉快的越南之旅，經過幾千多個日子的洗禮後，仍無法改變我對越南的負面印象。

我是個很能隨機應變，隨遇而安的資深旅行者，即使去鳥不生蛋的地方自助旅遊，都能玩得有滋有味，心曠神怡。有時我也跟旅行團去旅遊，即使去一些自然環境惡劣，衛生條件較差的地方，也能玩得盡興愉快。我真的從來沒去過一個國家或地方旅遊，玩得像越南那麼敗興的。我們在越南渡過難熬的四天，第五天終於在河內搭上遊覽車離開越南的那一剎那，居然有逃出升天的感覺。而抵達中國後，簡直覺得像回到了天堂。我真是受夠了那差勁的越南導遊，不自由的恐怖氛圍，潮濕炎熱的天候，不時傾盆而下的大雨，和咬人的毒蚊子。本來以為會很浪漫的旅遊，變成了一場難忘的噩夢。

事實上，越南（古名安南）曾是古代中國人流放政治犯的地方，至今仍有人戲稱「越南人是中國罪犯的後代」。從秦朝起安南就已經是中國的領土，一直到宋朝為止，共有一一〇〇多年之久。根據越南的神話傳說，越南的歷史可從上溯到被秦國滅亡（西元前三一六年）的中國古蜀國王子，他從四川逃離至此，繼續繁衍種族，傳宗接代。安南之地本來歸百越中的南越各部落氏族所管轄，自秦國征百越之戰後，才開始被納入中國版圖。

中國東漢末年，安南的民族主體意識增強，開始進入部落割據的混亂狀態中。一直到西元九六八年，丁部領統一了安南境內的割據勢力，建立了越南史上第一個統一的封建王朝——丁朝（九六八－九八〇年）；而在李朝（一〇〇九－一二二五年）建立後，安南的國勢強盛，宋朝承認了安南的主權，讓它從中國的領土變成中國的藩屬國。明朝嘉慶七年（一八〇二年）時，安南人阮福映建立阮朝，表請清朝冊封為「南越國王」，最後嘉慶帝改以「越南國王」之名冊封，阮朝正式國號即為「越南」。這也是越南國名的由來，一直沿用至今。中國的宋朝、明朝滅亡後，都有宋明遺民搬到越南定居，並與當地人通婚混血，最後成為越南民族的主體。

如今越南一共有五十四個民族，京族佔總人口百分之八十七，少數民族佔百分之十三，華族佔百分之零點九六，是第八大民族。雖然華族與越南的歷史淵源最深，但近年來越南為了「去中國化」，已將華語視為外國語文。其實越南是東南亞國家裡受中國文化影響最深，飲食口味最接近，也是唯一接受儒家思想的國家。越南古代曾長期實施科舉制度來選拔官吏，直到一九一九年才廢除，如今在越南各地仍可見到文廟中的進士碑，和使用中國文字的佛教寺廟。許多越南的古書，也是用中國文字來書寫的。但一九四五年越南獨立後，胡志明竟廢除了漢字，採用法國殖民地化政策極力推廣的羅馬拼音文字來代替，因此現在的越南文字已經完全看不出漢字的痕跡了。

在宗教上，越南的大乘佛教徒佔人口的大多數，農曆每月的初一、十五，多數越南人都會休假或減少工作量去燒香拜佛。他們不但至今仍過農曆年，也過端午、中元、中秋三節。端午節吃粽子，中秋節吃月餅，無論款式和滋味都類似中國。中秋節也是越南兒童的一個節日。當晚，孩子們會聆聽越南的古老傳說，去看舞獅，有的還得到一隻父親買給他的用來舞獅的獅子，跟朋友們一起玩耍。越南孩子在中秋夜還提著鯉魚燈出遊，預示長大了會「鯉魚跳龍門」。越南的民風本來也相當淳樸善良，但在被越共接管後，有許多地方都變了。

一九五四年的日內瓦會議中，簽訂了法軍撤出法屬印度支那（Indochina，即中南半島）的協定，並規定越南以北緯十七度線為臨時軍事分界線，分為南越和北越，並承諾將舉行越南統一的選舉，但這個選舉從未發生過。在越戰（一九五五－一九七五年）時，北越由蘇聯及中國支援，南越則主要由美國支援。這場長達二十年的戰爭導致了幾百萬名越南人死亡，美軍也傷亡慘重。一九七三年三月美國終於由越南撤軍。一九七五年四月，北越軍隊佔領南越首都西貢，戰爭結束，從此越南也變成了一個共產國家。

不知道是越南在旅遊觀光上的條件尚未成熟，或是近年來中國與越南的關係欠佳，或是兼而有之，我十年前在廣西南寧開會後，所參加的那個主要由中國作家學者組成的越南旅遊團，一行數十人都受到極不合理的對待，乘興而去，敗興而返。我們的行程是：從廣西南寧出發，先搭車過邊境簽證，再搭車到越南東北部的下龍灣坐渡輪遊覽；然後，再搭車南下到胡志明市（昔日的西貢），途中經過頭頓港一遊。最後，再由胡志明市搭飛機到河內，參觀河內後，由河內搭車返回廣西南寧。

下龍灣有海上桂林之稱

每年十月是越南的雨季，也是旅遊的淡季。我們所繳的團費相當高，平均每人每天一百美元，以越南的生活水準來說，應該可以幾乎全程搭飛機，每天住五星大飯店，吃風味大餐，享受貴賓級的待遇，事實正好相反。越南旅行社拆濫污，行程安排不理想，食宿條件差，導遊服務惡劣馬虎；而且一路上天候欠佳，不時天陰就是下雨，結果當然怨聲載道，有好幾個人甚至中途退團，表示抗議。在住宿方面，我們所住的旅館除了河內的西湖賓館（四星）外，都是連電梯都沒有的小旅館。有時我們抵達這些郊外的小旅館時都快凌晨了，大家還得爬樓梯自己扛著行李上樓，都累得快倒斃了。有些小旅館還沒冷氣，只能吹電扇。在行程安排上，有許多著名景點都過門而不入，令人為之氣結。

至於我最嚮往的越南美食，那更別提了，我們一路上吃的多是越南小餐館的大鍋菜，有些菜湯看起來簡直就像洗鍋水；至於法式越南菜，更是連一次也沒嚐過！我還不如就近到聖荷西Tully Road的「芽莊餐廳」大快朵頤一番。那裡無論是牛肉粉、蔗蝦、烤蝸牛、炸春捲、烤豬肉球、蔥薑焗蠔、芒果糯米飯、越南咖啡等都很夠味，物美價廉。芽莊（Nha Trang）是越南中南部的沿海城市，也是慶和省的省會，以質樸的海灘、豐富的海產、卓越的潛水設備，成為受歡迎的國際旅遊目的地，卻沒有列在我們的旅遊行程表上。

那天我們搭車一到越南，那位越南導遊就藉著辦簽證和check in旅館的名義，把我們的護照全部沒收，而且不給我們他的手機電話聯絡，讓我們不能到處亂跑，只能到他指定的景點遊覽，並在他有回扣可拿的購物商店購物，令人有遭受綁架，缺乏人身自由的感覺，結果大夥兒什麼也沒有買。有一次他居然還恬不知恥的在車上拿出越南的特產——腰果來兜售，一小瓶腰果索價十美元，夠我在美國的好士多（Costco）買上一大瓶了！

我們一路上大多是拉車，無論路途有多遠。更糟的是：我們在越南唯一一次搭飛機（胡志明市到河內），搭的居然還是凌晨的航班！那天我們在胡志明市的旅遊晚上七點半就已結束，導遊卻安排我們搭午夜十二點的越南航空班機去河內，讓我們在機場呆等四個半小時。這種凌晨航班的機票，通常是半票優待的。胡志明市的機場破舊凌亂，而且不供應飲水。上機後飛機上也不供應任何飲料，連礦泉水都要自己購買。

第一天，我們從廣西南寧出發到中越邊境，旅行社讓我們搭旅遊大巴越過十萬大山，山路蜿蜒顛陂，受罪了五個小時才抵達越南的邊城諒山（友誼關），途中有不少人暈車嘔吐，十分狼狽。我幸好吃了暈車藥沒事，只是覺得頭痛而已。十萬大山，是中國廣西東南部的一座山脈，東北起於廣西欽州，西南在廣西寧明縣抵達中越邊境，全長二百餘公里，山勢異常險峻。為什麼旅行社不讓我們從廣西南寧直飛越南河內，再從河內入關，就近到附近的下龍灣遊覽呢？

在越南邊城諒山（友誼關）的落地簽證過程，也十分沒效率，幾乎花了三小時才辦完，簽證大廳沒有冷氣，令人累上加累，奄奄一息。好不容易拿到簽證後，導遊居然還帶我們到一個破舊的免稅商店購物，裡面都是一些粗劣的商品，無論我們如何哀求就是不走，共呆了兩小時，當天的旅遊節目就這樣草草結束，從免稅商店直接上車開往下龍灣市，於是民怨開始沸騰。第二天早上，我們搭渡輪遊覽下龍灣，在渡輪吃午餐後，再由下龍灣下船，搭車前往南部的胡志明市過夜。下龍灣市到胡志明市車程有六小時之遙。其實兩城間也有飛機可搭，何必如此折騰我們？下龍灣位於越南東北部，靠近河內，為典型的喀斯特地形，有「海上桂林」之稱，電影《〇〇七明日帝國》和《印度支那》皆在此取景。聯合國教科文組織於一九九四年將下龍灣列入世界遺產，二〇一一年更獲選為世界七大奇景之一，也是我最嚮往的越南浪漫景點。但我的下龍灣之遊一點卻也不浪漫：導遊安排我們坐在渡輪的大客艙，艙內的椅子是硬座，四人一桌。坐了半小時後，我就開始腰痛，不知要如何渡過這難熬的四小時？

我乾脆跟老公走出船艙，想站在甲板上拍照看風景，呼吸新鮮空氣。結果發現吾道不孤：甲板上人很多，有一半的團員居然都在那裡！但天陰陰的，拍照的效果並不理想。午餐菜色粗劣，幸好有一位新加坡作家慷慨解囊，請大家吃白煮蝦蛄、蔥爆蝦、紅椒燒魚等當地風味菜，我們才真正嚐到下龍灣的好滋味。我不禁想起：根據越南的傳說，下龍灣的由來是天神為了協助越南抵抗中國入侵，特地派遣龍族在此地吐出一顆顆的龍珠，以後這些龍珠又變成了一個個海灣中的小島，小島間相連一線，形

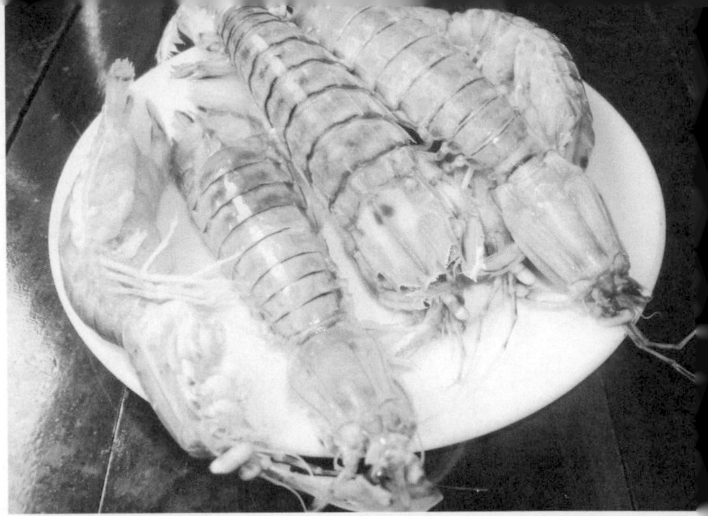

上：白煮蝦蛄（下龍灣）
中：紅椒燒魚（下龍灣）
下：蔥爆蝦（下龍灣）

成一道天然的屏障，越南人也因此成功捍衛了自己的國家。難道這就是我們受到如此「特殊」待遇的原因？

在抵達胡志明市之前，我們順道去不知名的頭頓港一遊，而不是去著名的芽莊或峴港。頭頓港是越南南部的港口和海濱避暑勝地，位於越南南端的頭頓半島上，在胡志明市東南一二五公里處。頭頓市面對湄公河和貢河入海處，臨海有不少海灘。這裡原來是一個小漁村，在法國殖民時期才被開闢為渡假勝地，成為越南最早的旅遊避暑中心。我覺得此處風景還不錯，可惜那時又下大雨，導遊發給每個人一件黃色的雨衣避雨，穿在身上重沉沉的，身上還是被打濕了，加上不能拍照，不由得遊興大減。

第三天，我們全天遊覽胡志明市。我對胡志明市原有一番浪漫的想像：我讀過法國女作家瑪格麗特・莒哈絲（Marguerite Donnadieu）的中篇小說〈情人〉，以法屬印度支那為背景，寫她青年時代在西貢的一段的愛情的小說，俯視湄公河的小公寓是重要的戀愛場景之一。西貢在北越併吞了南越後，被改名為胡志明市。我想去胡志明市看她的舊居地，和她與越南情人幽會的地點，卻沒有如願。

當時的瑪格麗特・莒哈絲不過是個貧窮的法裔白種少女，但容貌秀美，在越南人心目中仍擁有優越的社會地位，才會吸引越南富商之子的追求。這段愛情雖然最後沒有成功，在她的回憶中卻成為永恆。有人說在西貢淪陷後，胡志明市早就不復往日繁華，我們還是很想到去胡志明市區逛逛，看看瑪格麗特・莒哈絲和她的情人走過的街道，和他們幽會過的地點。導遊卻只略為介紹一番，過門而不入，無論我們如何再三要求都不理不睬。

於是那位在下龍灣慷慨解囊的新加坡作家當場發飆，說道：「我們都是名人，竟把我們當成難民！」那位皮厚的導遊不但不道歉，還反唇相譏。她立即拿回護照，帶著四個人在落雨的胡志明市區大街當場下車，中途退團。她跟新加坡駐胡志明市的領事館有交情，也順邀我們夫妻跟他們一起飛回上海。當時我們恨不得加入他們逃亡的行列，但忽然想起還有一個大件行李寄放在廣西南寧的旅館，等著我們從越南回去領取，頓時勇氣全消，只好隨遇而安，像被綁架似的一路上苦中作樂，完成既定的行程。

那天下午，導遊帶我們參觀了中央郵政總局、聖母大教堂、越戰證跡博物館等景點，並在湄公河搭渡輪遊覽了一圈就走了，搭午夜的航班去河內。「越戰證跡博物館」原名「美軍罪惡博物館」（Museum of American War Crimes），後來因為越南與美國恢復邦交，為了「敦睦邦誼」才改名。館外陳列著美國空軍的戰機，館內陳列著血淋淋的越戰照片，看了讓人倒盡胃口。說真的，我寧願去胡志明市區逛逛平西市場、安東市場、濱城市場，看看越南人民的日常生活；並找一家餐館，好好的吃一頓越南口味的法國大餐，領略一下越南在法國殖民時代的風情，卻都找不到機會。因為導遊把我們盯得緊緊的，不讓我們有任何自由活動的時間！其實只要回溯一下越戰的歷史，就不難知誰是誰非，何必帶我們來此活受罪？

胡志明市的聖母大教堂倒是個值得參觀的景點。天主教在一五三三年傳入越南，發展迅速，並在法國統治時期取得合法地位。在十九世紀中葉後，法國開始入侵越南，在西貢設立殖民政府；中國清朝光緒年間，為了確保對越南的宗主權，與法國發生了「中法戰爭」（一八八三－一八八五），結果清朝雖然取得了一些勝利，但是因為清廷政府的昏庸，雙方竟又簽訂了「中法新約」，使越南正式成為了法國殖民地，和法屬印度支那的一部分。位於胡志明市中心的哥德式聖母大教堂，外觀壯麗高雅，以紅磚建造，因而又名「紅教堂」。教堂前的巴黎公社廣場上，豎立著一尊手捧地球的巨大聖母像。

前阮朝的末代皇后——南芳皇后，和南越總統吳廷琰都篤信天主教。越南現在使用的拼音文字，也是一位法國耶穌會傳教士羅德（Alexandre de Rhodes）所發明的。美麗的南芳皇后（一九一四－一九六三），本名阮氏友蘭，是華人後裔，從一九三四年起成為越南阮朝（一八〇二－一九四五）末代皇帝——保大（阮福晪）的正妻，直到去世為止。吳廷琰（一九〇一－一九六三），是越南共和國第一任總統（一九五五－一九六三），因偏袒天主教，歧視大多數越南人口信仰的佛教，造成多名佛教徒死亡，並引爆佛教徒危機，最後在一九六三年南越政變中被殺。

胡志明市的中央郵政總局，與聖母大教堂相鄰，由法國於一八八六年至一八九一年興建，一八九二年正式啟用。建築風格充滿法式風情，與附近環境互相配合。這是郵政與電信總局，同時也是法國殖民時期的第一座郵政局，如今仍是胡志明市著名地標之一，吸引不少旅客參觀。看來法國人雖然也曾是越南的侵略者，越南人卻對他們無比的懷念和尊敬。這到底是為什麼緣故呢？真值得好好研究一番。

第四天，我們全天遊覽河內市。河內市是「越南社會主義共和國」的首都，也是胡志明故居所在地。位於越南北部，紅河三角洲西北部，是越南的工業、文化中心，也是越南歷史古都，擁有一千多年歷史，從西元十一世紀起就是越南政治、經濟和文化中心。人口約為六二〇萬，多為京族。全國平均氣溫是攝氏二十七度，濕度也較低，比胡志明市涼爽得多。但我對河內市的第一印象卻並不好：河內前幾天豪雨成

河內的法國總督府（胡志明主席府，辦公的地方）

災，死傷慘重，路上屍橫遍野。我在旅遊大巴上親眼看到一個淹死而被卡車碾過的屍體，面部血肉模糊，肚破腸流，令我噁心不已。後來才知道兩天前河內機場還積水兩呎，我有個倒楣的德國作家朋友竟站在雨水中check in和候機，行李箱內的衣物書籍全被泡爛，欲哭無淚。

住進了風光明媚的西湖賓館後，我才恢復了旅遊情緒。胡志明（一八九〇－一九六九）是越南共產主義革命家，有華裔血統，本名阮必成，胡

▍紅教堂（胡志明市）的天主教堂

志明是他在二次大戰時用以抗日的化名，因而沿用。他是越南共產黨、越南民主共和國的主要創立者和軍隊領導人。胡志明的父親阮生輝曾參加科舉考中副榜，以教書維生，還擔任過官職，後來又搬到越南南部當中醫，因此胡志明家學淵源，漢語說得極為流利，也會講流利的廣東話。他年輕時代對中國文化相當仰慕，尤其欣賞杭州西湖的美景，因此把河內市的某個湖命名為「西湖」，我們所住的「西湖賓館」就位於西湖邊上。

一九三〇年時，胡志明就已在香港組建反法的越南共產黨，一九三一年被香港政府逮捕，押返越南後由法國政府處置。一九四五年越南發生「八月革命」，數日後胡志明抵達河內，並於九月二日在河內巴亭廣場五十萬人的群眾集會上，代表臨時政府宣讀《獨立宣言》，宣告成立越南民主共和國，次年被推舉為越南民主共和國主席兼政府總理。一九五〇年，中國成為第一個承認越南民主共和國的國家。

胡志明原來跟中國友好，並曾在中國和蘇聯的幫助下，取得對法戰爭的勝利，但他後來卻決定親蘇不親中，並在一九六五年事先寫下的遺囑中說「越南要成為主宰印度支那的強國」，引起了中共的不滿。一九六六年，胡志明在會見好友周恩來和鄧小平時竟說道：「中國軍隊的傲慢表現，就像歷史上經常入侵越南的中國軍隊一樣」，中越從此交惡。

河內市的胡志明紀念公園，綠油油的面積廣袤，園內有不少景點，還有大片的綠地可漫步。洪災剛過，雨後初晴，陽光燦爛，令人身心舒爽，本是我印象最好的景點，卻因發生一件意外事故，很遺憾的也在我腦海中留下不愉快的回憶。我們先參觀胡志明主席府，那是原來的法國總督府，也是他生前辦公的地方。我們又參觀了胡志明故居，他生前的餐廳、臥室、書房仍保持得十分完好，也可以看出他生活習慣的

西湖賓館是法式建築（河內）

簡樸。

在參觀過胡志明故居後，卻因導遊的疏忽讓我差點在公園內走失，流落越南街頭，最後靠著自己的機智，才終於平安歸隊。那走失的半小時，真是我一生中最長的三十分鐘。那種驚惶恐懼之感，至今想起來仍刻骨銘心。走失之前，我正站在一叢樹後忙著拍照，請老公幫我揹包包。沒想到等我拍完照後，回頭一看竟發現大夥兒全不見了。我以為他們已走進了附近的胡志明紀念堂，便連忙走進堂中尋找。但我匆匆忙忙的逛了樓上樓下兩遍，就是看不到一張熟悉的臉孔。

胡志明紀念堂內，除了陳列越南的藝雕、樂器外，也設有胡志明陵寢，我卻無心細看。我只記得胡志明曾經在他的遺囑中說過希望身後被火化，並把他的骨灰埋在越南中部、南部、和北部的山巒上。後來越共建立這個陵園時，卻違反了他生前的願望，而將他的遺體保存在中央大廳由中國所提供的水晶棺中，並由軍方儀仗對守護，在暗淡的燈光下水晶玻璃棺材熠熠生輝，可以清楚的看到他的遺容。

看完胡志明紀念堂後，我仍未看到任何熟人。我開始全身冒冷汗：這個公園如此之大，出口又如此之多，我要上那裡去找人？我的護照已被導遊收走，我要如何證明我的身分？導遊沒給我他的手機電話，我該如何跟他聯絡？更糟的是：我的包包在我老公那裡，我身上沒有半毛錢，也無法搭計程車回西湖賓館等待。公園中有許多雄赳赳的衛兵在站崗，我找了幾個有華裔臉孔的衛兵問路：「請問旅遊大巴在那一個出口集合？」，他們卻不會講英文和華語，幫不上忙。

後來我鍥而不捨的走回胡志明紀念堂，終於找到一個會講幾句英文的女售票員，友善的指給我正確的出口，才解除了我的危機。五分鐘後，我終於看到全團人出現，我老公急得半死。原來導遊當時並未清點人數，也未宣布路線，就擅自帶團走到一條

胡志明紀念堂（河內）規模宏偉

岔路去看風景；我老公又正被某位團員絆住在聊天，沒有注意到我在樹後拍照，引得大夥兒虛驚一場，我更是死了不少細胞。

加州聖荷西南灣Tully Road一帶越南移民聚居，有「小西貢」之稱。大多數人都是在一九七五年越南淪陷時，每個人以一箱金條的代價，換到一張船票，用「海上難民」的身分逃出越南的。我有一位越南華裔朋友還是與家人分坐好幾條小船，先各自逃到不同國家的難民營居住，再一一搬到加州聖荷西會合團聚的，如今他每提起這些往事就淚流滿面。我還有個住在德國的越南華裔文友，一提到她在越南堤岸經營工廠的老家時就咬牙切齒，發誓今生再也不回越南。我真後悔當初沒聽她的勸告，去越南花錢兼受氣。或許再過個幾年，等越南的情勢有所改善後，我才再去越南暢遊一番，品嚐我心愛的越南菜吧！

吉隆坡印象記

二〇一三年十月中旬，我應「世界華文作家協會」的邀請，參加了在馬來西亞首都吉隆坡萬豪酒店（JW Marriot Hotel）舉行的第九屆華文作家代表大會，並給了一個頗受歡迎的演講。三天的開會期間全體會員都受到高規格的招待，馬來西亞首相夫人親自出席開幕典禮致辭，會上提供的餐飲豐富美味，旅館人員的服務周到貼心，開會氣氛融洽和諧，是一次相當成功的文學會議。

這也是我第一次去吉隆坡。出發前我雖然充滿了好奇，卻並不帶太大的期望，到了吉隆坡卻有意外的驚喜。以前我總以為馬來西亞是個落後國家，吉隆坡的市容大概不過爾爾，國民的素質也不會太高。沒想到一飛抵吉隆坡國際機場（KLIA），我就被它的美輪美奐和面積廣袤給震懾住了。它比起香港的大嶼山機場可說毫不遜色，每個人下機後還得搭一段地下鐵才出得了機場。

從吉隆坡國際機場到吉隆坡市區，得搭一個小時的計程車。一路上都是大片的綠地，綠樹如蔭，賞心悅目。氣溫雖然在攝氏三十度左右，卻並不太潮濕，身上只覺暖和，不覺黏膩。我們到了旅館check in，櫃檯人員不但會講英文，還會講華語、閩南話，令人覺得賓至如歸。旅館對面就是一個豪華購物中心，裡面不但精品名店林立，而且供應各式各樣的美食，除了正宗的馬來西亞菜外，還有印度菜、日本料理、上海菜、客家菜等，甚至還有一家台灣「鼎泰豐」分店，和專買台灣仙草冰的小攤子！一般說來，馬來西亞人對飲食都相當講究，無論什麼菜肴都做得精緻美味，我們每天嘗試不同的菜色，吃得心花怒放，流連忘返。

吉隆坡的觀光景點也相當多彩多姿，令人賞之不盡，觀之不足。在市容上吉隆坡像是新加坡，又像是香港，但更壯麗更富多元性。最值得稱道的是：人民友善熱情，族群融洽和諧，物價又比新加坡和香港要廉宜得多，真是渡假的好去處！我們提早一天到吉隆坡，先是搭Hop-on，Hop-off巴士在市區走馬看花一天，參觀了著名的雙子星大廈，和馬來西亞新皇宮等地；在開會後不禁又多住了兩天，包計程車遍遊吉隆坡和麻六甲。我們的計程車司機是華人，服務熱誠到位，不但沿途導覽，還帶我們去品嘗當地著名的餐館和小吃，使我們遊興倍增。其中我印象最深的景點，是馬來西亞新皇宮、獨立廣場、太子城、黑風洞。最欣賞的美食，是馬來西亞的椰漿飯、沙嗲、肉骨茶、雞飯粒、蛋塔，計畫再另撰一文，一一介紹。

馬來西亞是個多民族國家，主要居民有馬來人、華人、印度人等，最主要的宗教信仰是回教，還有佛教、印度教等。馬來西亞曾被英國殖民統治了兩百年，在一九五七年才獨立成一個新的國家，採君主立憲制，蘇丹為虛位元首，總理才有實際的行政權。馬來西亞的新皇宮（Intana Negara）是蘇丹的宮邸，座落於吉隆坡西北部的大使路（Jalan Duta）上，佔地九六點五二公頃，建築糅合了馬來和伊斯蘭特色，看起來金碧輝煌，優雅美麗。據說它在二〇〇五年籌建，二〇〇七年動工，二〇一一年十一月才落成啟用，一共花了六年的時間。第一位在那裡就職的最高元首，是第十四任蘇丹——端姑阿都哈林。他連任兩次，因此也是現任（第十五任）的蘇丹。遊客不能進去參觀，但可以在壯嚴巍峨的大門口與穿著筆挺制服的宮廷警衛合照，沾些馬來西亞的皇家貴氣，我們當然也不能免俗。

獨立廣場（Dataran Merdeka）位於吉隆坡的蘇丹阿都沙末大廈（Sultan Abdul Samad Building）前，因景觀壯麗宏偉而聞名於世，有許多著名電影曾經在這裡取景。一九五七年八月三十一日午夜，英國國旗在這裡降下，馬來西亞國旗在這裡首次升起。廣場的南端有一個九十五公尺高的旗杆，是世界上最高的旗杆之一。現在馬來西亞每年

壯麗的獨立廣場

八月三十一日的國慶遊行，都在此舉行。廣場中央是維多利亞女王噴泉，四周環繞著許多富有歷史性的漂亮建築物。

獨立廣場最顯著的地標，就是由英國建造的蘇丹阿都沙末大廈，俯瞰著整個廣場。大廈於一八九七年竣工，設計靈感來自於印度的莫臥爾建築，又糅合了明顯的英國風，有濃郁的融合歐亞的殖民情調。雪蘭莪州（Selangor）的秘書處也在這裡，後來改為最高法院。曾經荒廢多年，現在變成了文化和藝術部的所在地。此外，這裡還有英國都鐸式風格的雪蘭莪皇家俱樂

美麗詭譎的浮雕（黑風洞）

部、國立歷史博物館（原渣打銀行大廈），聖公會聖瑪利亞座堂，一座一百多年歷史的哥德式建築，和吉隆坡火車總站等。雪蘭莪州是馬來西亞十三州中發展得最好的一州，位於馬來半島的西海岸，是進入馬來西亞的主要入口，美輪美奐的吉隆坡國際機場就建在雪蘭莪州的雪邦區。雪州和首都吉隆坡最靠近，在商業和政治上都獲得很大的便利，因此許多馬來西亞政府部門的辦事處也設在雪州境內。

黑風洞（Batu Caves）距離吉隆坡商業中心大約十三公哩，在一百年前被發現後，馬上成為印度興都教徒的聖殿。這座石灰岩洞穴平時就已遊客如織，每逢「大寶森節」時更是熱鬧，場面肅穆壯觀。據說那時會有大批信徒或贖罪者，肩扛象徵神明的大型卡瓦迪（kavadi），用長釘穿刺臉頰或用金屬尖鉤掛在他們裸露的身體上，登上擁有二七二梯級的陡峭階梯爬入聖殿，堅信如此可洗去罪惡，來年平安。黑風洞涵蓋了幾個洞穴，洞口有一座高大的金佛，面目神聖莊嚴。洞穴主廟的天花板高度超過一百米，廟裡全是印度風的興都神龕，到處可以看到彩繪壁畫，闡述印度神話的傳奇內容，氣氛詭譎無匹。我們看了都不禁勉力爬完了那長達二七二梯級的階梯，揮汗如雨，像是洗了一場三溫暖一樣的痛快。一路上看到許多抓耳搔腮的野生猴子，據說會攻擊別人，千萬別招惹牠們。

太子城（Putrajaya）佔地四九三二英畝，是馬來西亞的行政中心，獨立於擁擠的吉隆坡市區之外。首相府、財政部、海關中心、法院、外交部都在這裡，從一九九八年起陸續啟用。這裡的每棟建築都別具風格，許多的建築設計還曾得過國際的設計大獎，建築間還穿插著不少橋樑、湖泊及綠地，空氣清新，景色宜人，融合了科技、自然與藝術，使它變成了吉隆坡著名的觀光景點。宏願橋（Jambatan Seri Wawasan）的造型特別獨特顯眼，它也象徵著馬來西亞計畫在二〇二〇年變成經濟民主國家的宏圖壯志。

我覺得太子城最迷人的景點，莫過於粉紅清真寺（Putra Mosque）。這座大清真寺座落在一個湖泊中央，採用本地的紅色大理石建成，糅合馬來西亞、阿拉伯、波斯及摩洛哥等地的建築風格，玫瑰的色澤在湖面上閃耀非常動人。寺內可同時容納一萬五千人，遊客可以入內參觀，但進寺前得先穿上長袍以示尊重。我當然也罩上了有頭套的深紅厚長袍入寺一遊，只覺寺內相當涼爽，並不覺炎熱。有不少回教婦人乾脆就帶著孩子坐在寺內地上休息，看起來相當悠閒自在。

首相府建築也是傳統的圓頂造型，就位在粉紅清真寺旁邊，位在山丘高處，前面就是太子城廣場。綠色的圓頂配上磚紅的外牆，外觀穩重與威嚴，色澤也協調悅目。太子城的廣大湖泊區域都是人工打造的，這裡本是一個開採錫礦的區域，後來建城時便規劃成美麗的湖泊，在粉紅清真寺旁也設置了小型碼頭，讓遊客可以搭乘具特色的小木船，在湖面上欣賞粉紅清真寺的漂亮外觀。我們沒有搭船，但在太子城區內漫步流連了一小時，才依依不捨的離開。

據說馬來西亞的檳城、怡保，也都是值得一遊的美麗城市，期待來年有機會時再去一一探訪！

雅加達見聞錄

印尼在我心目中一直是個神祕魅惑的國家，因此我十幾年前就曾去過巴里島（Bali）一遊。結果我發現巴里島只是印尼群島中的一個小島，島民都信奉印度教，雖是印尼的世外桃源，卻不能代表印尼這個回教國度。要想看到印尼的真實面貌，至少得專程去一趟印尼的首都雅加達（Jakarta）增廣見聞。但巴里島與雅加達相隔有一千英哩之遙，因此我們直到十幾年後的今天才一償宿願。

台灣的長榮航空（Eva Air）每天有一班飛機，從台北直飛雅加達，單程五個半小時，顯見兩國間的地理距離雖遠，民間來往卻非常密切。有不少台商去印尼投資（雅加達就有十家「鼎泰豐」分店），台灣人也常常雇用印尼人當家庭看護。奇怪的是在出發前我在台北逛遍了誠品書店、紀伊國書屋、Page One書店，就是找不到半本介紹雅加達或印尼的中文自助旅遊書（只有英文的），介紹巴里島的倒是不少。可見美國人認為印尼是一個有趣的國家，雅加達也是個值得造訪的城市，台灣人卻不認為。這是為是麼呢？到了雅加達後，我終於找到了答案。

我們在雅加達自助旅遊了五天四夜，還特地住在位於「金三角」的五星大酒店——萬豪酒店（JW Marriot Hotel），最後的感覺是：有點震撼，有點失望，但也有不少意外的驚喜和發現。我們那天一飛抵雅加達國際機場，就被那破舊吵雜的環境嚇了一跳。不但比不上台灣桃園中正機場的方便整潔，更比不上馬來西亞吉隆坡機場的新穎摩登。最煩人的是處處安檢，機場的安檢隊伍就讓我們排隊一個小時。好不容易走出機場，搭上計程車抵達萬豪酒店，進入之前我們又連車帶人被安檢了一番。那位計程車司機還得打開車子的引擎蓋，讓警衛檢查裡面是不是藏有炸彈，讓我們虛驚一場。

在接下來的四天內，我們無論是去任何酒店、購物中心、風景名勝遊覽，也都得接受安檢，深覺雅加達真堪被稱為「安檢之都」！要不是萬豪酒店的設施服務一流，雅加達的購物中心卡薩布蘭加商場（Casa Blanca）、樂天商場（Lotte）熱鬧好玩，印尼菜也超級美味，我們早就提前打道回府了！「雅加達為何安檢如此頻繁呢？」我們特別問了萬豪酒店的經理。他告訴我們百分之八十的印尼民眾信奉回教，這十幾年來印尼已發生過好幾起恐怖份子攻擊事件，政府不得不處處安檢，以保護民眾和遊客。巴里島首都的商業區庫塔（Kuta），在二〇〇二年就曾發生過爆炸事件，死傷慘重。

雅加達的萬豪酒店據說在二〇〇三年八月也被炸過，造成至少十四人死亡，一五〇人受傷，聽得我們心驚肉跳。

印尼是「印度尼西亞共和國」（Indonesian Republic）的簡稱，一九四五年在左派的蘇卡諾（Sukarno）的領導下，才脫離荷蘭人的掌握，宣告獨立，但至今仍面臨天災、貪污、分離主義、民主化進程緩慢、經濟劇變等挑戰，政局動盪不安。蘇卡諾是印尼的國父，也是印尼的第一任總統，執政二十二年（一九四五－一九六七），是一位著名的獨裁者和不結盟主義者。他也是虔誠的回教徒，娶了好幾位妻子，姿容美艷的第四位妻子黛薇（日名「根本七保子」）當過日本的陪酒小姐，出身風塵卻飛上枝頭做鳳凰，曾是一條令人津津樂道的著名國際八卦新聞。

蘇卡諾後來被反共的印尼軍事強人蘇哈托（Suharto）推翻，軟禁至死。蘇哈托繼任為第二任總統，執政超過三十二年（一九六七－一九九八）。他在任內不但嚴重貪污，而且併吞葡屬東帝汶，殘酷鎮壓分離主義人士，以及左派人士，並默許印尼共產黨發動「排華」事件，在國際上惡名昭彰，只好被迫下台。他在二〇〇八年病逝時，印尼華人無不額手稱慶。

印尼是全世界最大的群島國家，東南亞的第二大國，也是個多元民族的國家，人口高達二點三九億，位居全球第四位，分為爪哇人（百分之四十點六）、巽他人（百分之十五）、馬都拉族（百分之三點三）、米南佳保人（百分之二點七）、巴達維人（百分之二點四）、布吉人（百分之二點四）、萬丹族（百分之二）、華人等三百多種族，官方語言為印尼文，國花是茉莉花。

印尼全國一共由一七五〇八個島嶼組成，不規則的散布於赤道兩側，可說是全世界領土最分散凌亂的國家，當然難以治理。以前連荷蘭人的勢力也只能掌控印尼的幾個大島，許多偏遠的小島至今仍然無人居住。最有趣的是：印尼每個島嶼的民族、方言、飲食、建築、服裝都不太一樣，令人目眩神迷。其中以爪哇島（Java）、蘇門答臘島（Sumatera）、加里曼丹島（Kalimantan）、巴里島最具文化與政治影響力。

雅加達市位於爪哇島的西部，是印尼目前的政治、經濟、文化、美食中心。它在古代曾是印度人所建立的巽迦王朝（Sunda）的領土，十六世紀時又再度被印度人所征服，並在此正式建城，命名為Jayakarta，意為「勝利之城」，因此雅加達市至今仍有不少印度餐館。雅加達從十七世紀起，又被荷蘭殖民統治了三五〇年之久，至今仍有濃郁的西化傾向，無論是在建築、飲食、語言、文化上，都可窺其端倪。雅加達市內的高樓大廈，都是西式建築。雅加達市民一般都會講英文，雖不算流利，但尚

雅加達海港合影

能溝通，西餐館也到處可見，人滿為患。

在氣候上，位於赤道上的雅加達全年沒有四季之分，只有乾季、雨季之別。乾季是四月－十月，也是較佳的旅遊季節。全年的溫度在攝氏二十七－三十三度之間，高溫多雨，草帽、雨傘、防晒油、涼鞋、T恤是不可缺少的旅遊配備。

在交通上，雅加達的捷運系統目前在興建當中，市內交通公具以City Bus和Taxi為主，因此不時交通阻塞，有時半小時的車程可以塞上三個小時。在雅加達自助旅遊，絕對需要具備超強的體魄與耐力。

但令人驚喜的是：雅加達有「花園之都」的美稱，市容相當美觀摩登，都市綠化做得一流，處處都有林蔭大道，高大碧綠的樹木隨處可見，盛開著簇簇艷麗的花朵，令人心曠神怡。雅加達郊外還有一個優閒的「海邊藝術村」，在這裡可以看到多元化的印尼藝術創作，有油畫、銅塑、木雕、貝殼藝品等，水準相當高。藝術村內的柱子上蔓爬著紅艷艷的百香菓藤花，標準的熱帶風情。此外，獨立紀念碑、海洋世界、夢想世界等景點，也令人看到印尼現代化的一面，和普通老百姓的休閒生活。

在印尼國立博物館、縮影公園、皮影戲博物館中，則可以看到印尼的傳統歷史文化。印尼國立博物館，建築宏偉，收藏豐富，甚至有名貴的宋瓷。縮影公園，是一個代表印尼多元化的人文藝術的大公園，可說是個「美麗的印度尼西亞縮影」，把印尼全國的島嶼山川、都市港口、名勝古蹟、風土人情按照印尼全國的地理位置，以縮影的形勢藝術的展現在遊人面前，令遊客可以在一天內賞遊印尼全國的群島。在皮影戲博物館裡，我看到了多姿多彩的印尼人偶，和皮影戲人偶的製作過程，手工相當精細繁複，演出時也曠日費時。

在餐飲上，雅加達餐館的室內裝潢都很洋派，用餐環境舒適；菜單上的名菜琳瑯滿目，美不勝收。印尼菜在各島的口味菜色都稍有不同，但都以中國、歐洲、中東及印度料理為基礎。印尼人一般以稻米為主食，雜以粉、麵，再搭配蔬菜魚肉等小菜食用。各種香料（辣椒、胡椒、荳蔻、丁香、黃薑、羅望子等）、椰漿、魚肉、雞肉、雞蛋是他們最常用的食材。烹煮方式以炸、烤、煎、炒為主，香脆濃辣，美味可口。我發現印尼人特別喜歡吃油炸食品，炸蝦片是最常見的零食，有些餐館甚至將所有的雞、鴨、魚、肉、香蕉，一律油炸出售。他們也喜歡吃燒烤食品，到處可以見到獨沽一味的沙嗲屋。至於源於馬來西亞華人的娘惹菜、印尼炒飯（Nasi Goreng）、印尼炒麵（Mie Goreng）、雞湯麵（Mie Ayam），也膾炙人口。

此外，牛排、漢堡、啤酒、巧克力、甜甜圈、蘋果派、麵包、炸可樂餅、咖啡、紅茶等西式食品，在雅加達也都很風行，大多是當年由荷蘭人所傳入的。爪哇島所生產的高山咖啡素富盛名，最早是由荷蘭人從歐洲帶咖啡豆來這裡種植生產的，香氣濃郁厚實，帶有明朗的酸性，有時還帶有堅果味。有的爪哇咖啡甚至帶著著奇妙的水果風味，喝起來有黑莓和葡萄柚的味道，最適合在夏天做冰咖啡飲用，就像女人隱約的嫵媚，迷人且恰到好處。巧克力豆也是荷蘭人從歐洲帶來爪哇島種植的，所製成的巧克力相當優質，做成各式甜點蛋糕，新奇獨特。荷蘭人也愛喝下午茶，TWG（Tea Wellness Group）紅茶有「貴婦茶」之稱，二〇〇六年於新加坡成立公司，立志成為

「全世界最好的紅茶」，有多種不同的口味，在雅加達的東方文華大酒大量販售。

印尼擁有豐富的天然資源，在十七世紀時又引起歐洲各國的覬覦，荷蘭人獲得最後的勝利。一六一八年時雅加達竟變成了「荷蘭東印度公司」的首都，被荷蘭人殖民統治了三五〇年之久，並被改名為巴達維亞市（Batavia），一直到一九四五年自由獨立後，才正式改為現在的名稱Jakarta。巴達維亞古城如今仍位於雅加達市內，保存得十分完好，古城裡甚至有一條模仿荷蘭首都阿姆斯特丹市的運河。最醒目的景點是壯麗的「雅加達歷史博物館」，也就是昔日的「荷蘭東印度公司總督府」，是一棟荷蘭殖民風格的兩層樓建築，白牆紅瓦，屋頂上還有一個俏皮的鐘塔。我們入內參觀，看到了某位荷蘭總督的臥房和他的油畫像，看起來非常肅穆威嚴，可見他當年的威風八面。

雅加達歷史博物館面朝著一個寬闊的廣場。廣場上有全身塗金的兵士在表演操槍，也有穿戴著雪白荷蘭古裝的印尼婦女在擺pose，也有賣白煮雞蛋的小販在叫賣，企圖重現當年荷蘭殖民地的面貌。據說當時的印尼人淪為二等公民，雞蛋是他們唯一的蛋白質來源。當時印尼所生產的所有優良食材，都供應荷蘭人食用，甚至運到歐、亞、非三大洲去販賣，以賺取高額利潤，連著名的爪哇咖啡也不例外。沿襲至今，印尼人仍喜歡吃雞蛋。印尼炒飯、印尼炒麵都要放點雞蛋皮，再加點乾蝦米、椰漿共炒，滋味特別香濃腴美。有些印尼炒飯上甚至還要再放一個香黃可口的荷包蛋增色，保證餵飽任何飢餓的食客。

雅加達歷史博物館對面的「巴達維亞小餐廳」（Café Batavia），是雅加達最著名的餐館之一，裝潢華美，用餐空間空敞，冷氣開得夠大，食物也頗為美味，不但供應西餐，也供應印尼菜，真是躲避驕陽的好去處。我們分別點了巴達維亞炒飯、沙嗲飯，配著現榨的番石榴汁、西瓜汁食用，吃得十分快意。牆上掛滿了國際名人的照片，用餐之餘猜猜Who's who，也頗有額外的樂趣。巴達維亞附近的巽迦卡拉巴海港（Sunda Kelapa Harbour），曾是雅加達通向世界的港口，如今已成為私人漁船和遊艇的集中地。卡拉巴（Kelapa）是馬來文，意為「椰子」，也是古代中國人對雅加達的舊稱，因為當地盛產椰子，在宋、明、元三朝常派使者到中國來進貢。

但雅加達的中國城（Glodok）竟意外的破舊髒亂，讓我頗為失望，也令我感到當年印尼排華的陰影。中國城的主體就是一座古色古香，香火鼎盛的「惠澤寺」，供奉惠澤尊王，信徒只要不時鮮花供養，燒香膜拜，就可以金玉滿堂。因此廟旁有許多賣夜來香、荷花、太陽花……的花攤，七彩燦爛，香氣撲鼻。據說惠澤尊王於宋淳熙十六年（一一八九年）生於廣西南安，嘉定元年羽化登仙。他成仙登神後，神通廣大，

印尼沙嗲飯

巴達維亞炒飯

有求必應，成為中國民間的高級神祇，備受南洋華人崇拜。中國城內也有菜市場，但僻處在狹窄的巷弄中，垃圾滿地，擁擠不堪。各種印尼華人愛吃的香料、蔬菜、水果、肉類、海鮮都在這裡販賣，甚至供應青蛙、海參、烏龜等珍饈，在暑熱下血肉模糊，腥氣四溢，使我巴不得趕快逃走。

一九九七年，印尼於亞洲金融風暴遭受經濟重創，竟於一九九八年五月爆發了印尼排華事件。那是在棉蘭、巨港、雅加達、梭羅和泗水等大城市的暴徒，針對華裔社群所發動的一系列屠殺事件，當時曾迫使不少印尼華人遠遷他國，另謀出路。幸好如今隨著華人國際地位的提昇，印尼政府的民主化發展，這種種族歧視的事件已不再發生。如今印尼政府最排斥

中國城的蔬菜攤子香料

的反而是他們的同路人——中東的回教恐怖份子，和印尼的種族分離主義者。這種歷史發展的弔詭與荒繆，真令人哭笑不得。

馬來之食

馬來西亞是個道道地地的多民族國家。這個特色在當地的飲食文化上表露無遺，這裡彙集了中國、印度、西方、馬來西亞本土民族的各式各樣的食物，美食琳瑯滿目，可以每餐換不同的花樣吃，使我們的馬來西亞之行情趣倍增。但我們只在吉隆坡和麻六甲停留了一個禮拜，也無法一一遍嘗，只能選幾樣印象最深刻的食物來談談。

馬來西亞人民的主食是米飯，但麵食也相當普遍。華人食物從街邊小攤子到酒店中的餐館，從小食到昂貴的酒席，不一而足，豐儉隨意，任君選擇。小食方面有福建麵、釀豆腐、蝦麵、炒貴刁、咖哩麵、清湯粉、薄餅、海南雞飯、瓦煲雞飯、餛飩麵、港式點心、肉骨茶、麻六甲雞飯粒、檳城叻沙（Laksa）、蛋塔……等，種類繁多。

馬來人的食物以辣為主，但辣得恰到好處。其中較出名的食物有椰漿飯、沙嗲、黃薑飯等。在吉隆坡要享用正宗的馬來料理和「娘惹菜」，我覺得著名的連鎖餐館

馬來沙嗲

椰漿飯

「關姐廚房」（Madam Kwan）是一個很不錯的去處。我們是無意中發現的，在我們所住的JW萬豪酒店對面的購物中心裡就有一家分店，據說雙子星大廈中也有一家。我們在那裡點了一盤類似椰漿飯（Nasi lemak）的Nasi Bojari（無中文譯名），是這裡的招牌菜，也品嘗了他們的馬來沙嗲，都相當滿意。

椰漿飯可說是馬來西亞的「國菜」之一。做法是：把白飯浸泡在濃郁的椰漿裡，再一起拿去蒸。有時會再加點斑蘭葉，或黃薑、香茅等香料，以增味添香。傳統上，一盤椰漿飯裡要還有黃瓜切片、小鳳尾魚、烤熟的花生、全熟蛋、三寶蝦醬等佐菜。椰漿飯也可以有別的佐菜，如雞肉、蝦、章魚或烏賊、牛肉咖哩等，外貌多彩多姿，滋味香辣濃烈。另有一種黃薑飯（Nasi Briyani），是用香料、米以及肉、魚、蛋、蔬菜等材料所做成的米飯料理，黃薑粉將米飯染成一片金黃。黃薑英文名為turmeric，是薑科的薑黃屬植物，它的根莖所磨成的深黃色粉末為咖哩的主要香料之一，也常用來製作許多南洋料理。

我們的那盤Nasi Bojari，除了一坨香味馥郁的米飯外，還有炸雞腿、亞參蝦（Assam shrimp）、三寶蝦醬（Sambal）、白煮蛋等佐菜，可說十分豐盛。那隻炸雞腿炸得香鹹酥嫩，比台式炸雞腿要美味得多，令人欲罷不能。三寶蝦醬是東南亞的辣椒醬，採用十多種不同的辣椒製作而成。做法是把不去殼的蝦和干貝炸熟後，加入辣椒、蒜頭、乾蔥頭等磨成茸，調味炒香製成，是「娘惹菜」的代表作之一。

馬來西亞是「娘惹菜」的發源地。娘惹菜原是麻六甲「海峽華人」的家常菜。它以中菜為綱，馬來菜為體，並糅合了印尼菜和泰國菜的風味。十五世紀麻六甲曾是最繁榮的東西通商港埠，吸引了不少華人男性來此定居，有的並北上檳城或南下星洲，成了第一代的南洋華僑，自稱為「海峽華人」。他們和當地的馬來女人通婚，所生的第二代，男的稱為「峇峇」，女的便是「娘惹」。娘惹在家主中饋，做菜講究慢火細工，被稱為「娘惹菜」，它和馬來菜的共同特點是都愛用香料，而且很辣。用的都是乾香料，娘惹菜卻喜用新鮮芫荽、香茅和辣椒，吃起來口味更好。

酸是「娘惹菜」的另一特色，亞參（Assam）和青檸則是酸味的來源。「關姐廚房」的「亞參蝦」加洋蔥炒過，更是香酸開味。發源於檳城的名菜「亞參叻沙」（Assan Laksa，魚肉拌米粉）也是一道娘惹菜，在吉隆坡也可以吃到。亞參（tamarind），別名為「羅望子」，是一種南洋小果子，味道非常酸。這道菜的濃汁中放了大量的青紅辣椒和亞參，並用三寶蝦醬（Sambal）調味，吃來酸辣鮮甜。「叻沙粉」是中國米粉的變體，形體較粗並呈半透明，檳城人用西刀魚肉來拌叻沙粉並澆上熬好的濃汁，再隨意添加自己所喜歡的蔬菜，便是一頓適口充腸的好飯了，不但開胃而且殺菌，很適合南洋的天氣。

流行於東南亞的沙嗲也是馬來西亞人發明的。但馬來人信奉回教不吃豬肉，所以正宗的馬來沙嗲只用牛、羊肉。「娘惹沙嗲」用的卻是豬肉，以適應喜食豬肉的華人口味。馬來沙嗲食材以雞肉、牛肉及羊肉串為主。他們製作沙嗲時，會首先把肉類切成細細的薄片，用滷汁浸泡過後，再將肉串在細薄的木棒上，用火炭燒烤。上菜的時候，會附上一碗甜辣的調味料，外加幾片洋蔥、小黃瓜和糕餅。美味的祕密就在那滷汁和調味料中，包含了香茅、蒜頭、紅蔥頭、辣椒乾、熟花生粒、糖等食材。馬來沙嗲不像泰國沙嗲那麼甜，也不像印尼沙嗲那麼辣，正合我的口味。

「肉骨茶」也是很能代表馬來西亞飲食文化的一種華人小吃，我們在吉隆坡一共吃了兩次肉骨茶，一次是在旅館附近的「十號胡同」，印象平平。過兩天，我們的計程車司機便帶我們去吉隆坡最有名的「新峰肉骨茶」嘗新，果然美味。華人喜歡稱含藥材成分的飲料為「茶」，例如：廣東涼茶。而「肉骨茶」菜如其名，是以帶肉的豬排骨配合中藥煲成的湯，湯裡面並不含任何茶葉，也不含任何咖啡因，怕失眠的朋友千萬不要害怕。

簡而言之，肉骨茶是一種混合了中藥、香料（包括八角茴香、桂香、丁香、大蒜）及豬肉排，共同熬製多個小時而成的濃湯。在馬來西亞的一些高級餐館內，有時會加入海參和鮑魚一起熬製。肉骨茶通常伴白飯或以油條蘸湯來吃。以醬油、碎紅椒和蒜蓉一起調味。各類中式濃茶通常會隨湯奉上，相信可以清走豬肉的油膩。在馬來西亞，肉骨茶是一道典型的馬來西亞早點菜式。

關於「肉骨茶」發明的原因，背後有一段辛酸的華人移民史。相傳早期遠渡重洋來到南洋謀生計的華人，在當時大英帝國遠東地區的海峽殖民地當勞工。由於英國在馬來亞搜刮了許多的資源需要運送回國，於是在雪蘭莪州吧生建立了港口（現為吧生港口）。當時不少華人由於教育水平不高，不識字更沒有本錢做生意，只好到礦場裡

麻六甲鷄飯粒

肉骨茶

採錫礦當礦工。礦工們長期需要浸泡在礦湖內或在金山溝內採礦，因為當地常年多雨，地下水寒氣侵心，不少礦工們因此積勞成疾需要進補，但買不起那些昂貴的中藥材補身。

後來有一位稍懂中藥醫理又懷有仁心的錫礦場老闆，體恤礦工們的疾苦，另一方面也希望屬下員工可以身體健康提高工作效率，於是就寫下了中藥配方吩咐廚房熬了一鍋藥材骨頭湯讓員工驅寒。當時的一碗用肉骨熬驅寒藥材的湯加上一大碗的白飯，就是他們用來驅寒及消除疲勞，開胃又豐富的一餐了。

肉骨茶不但美味，而且營養豐富，能提供所需的能量，並且能抗風寒，很快便在勞工間流傳開來。華人多稱藥湯為藥茶，所以就有了「肉骨藥茶」之稱，後來簡稱為「肉骨茶」。

漸漸地，肉骨茶就成了新馬兩地人人喜愛的美食。現在由於人們經濟條件轉好了，又演變成加了多姿多彩，材料豐富奢華的肉骨茶版本，有些甚至加了鮑魚、海參等昂貴的山珍海味，藥材配方也隨著地域性的人群口味喜好慢慢的做出了更改。

隨著肉骨茶在東南亞以至亞洲及世界各地流傳，其烹飪風格亦隨著當時當地的華人而有所影響。常見的肉骨茶風味可以分為以下三種：

福建派：又名鶴佬派，顏色較深，因為用上較多豉油（所謂的黑醬油）作調味，所以有較重的藥材味。

潮州派：又名海南派，顏色較淺，但湯裡用上更多的胡椒，所以有較重的胡椒味；

廣東派：加入中國藥酒，以加強其藥效。

目前的馬來西亞，以福建派肉骨茶較為盛行。而在新加坡，則流行潮洲派肉骨茶。

麻六甲海峽是世界上最長也是最繁忙的海域。麻六甲也是「娘惹菜」的發源地，以「雞飯粒」聞名於世，我們特地到麻六甲古城旅遊一天，並在「古城雞飯粒」餐館，品嘗了這道麻六甲著名的小吃。麻六甲（Malacca）是馬來西亞的一個州，位於馬來半島南部，瀕臨麻六甲海峽，首府麻六甲有「古城」之稱，歷史長達七百年，明朝的太監鄭和下西洋時曾經經過這裡，因此此地設有「鄭和博物館」。麻六甲也被葡萄牙人、荷蘭人殖民過，因此麻六甲古城市中心有荷蘭廣場，也有葡萄牙式的天主教堂。

我們所吃的雞飯粒是現捏的，點菜時侍者會問你要吃幾粒，我們一行四人點了十粒一盤的，他如數端來。那些捏得圓滾滾的雞飯粒呈淡黃色，質地紮實而不易鬆散，滋味香鹹可口。我還替大家配了白斬雞、亞參魚等大菜來搭配，大家吃得十分快意。相傳雞飯粒的來源是：以前在南洋討生活的華人在工作時，為了方便而隨時隨地可以進食，就把雞汁飯搓成球狀來吃，材料是和雞高湯一起熬煮出來的米飯，味道香美誘人。但要搓揉出軟硬適中的雞飯粒，在製作上有相當的難度的，因此成為麻六甲當地獨有的小吃。

總之，馬來西亞菜很合我的口味，而且餐館的服務都相當週到貼心。我希望日後有機會再到檳城和怡保一遊，嘗遍馬來西亞美食，以一窺馬來之食的全貌！

海南之食

因為迷上了海南雞飯的緣故，我終於在去年冬天去了一趟海南島。總覺得海南雞飯中的雞肉特別的嫩，白飯特別的香，沾雞的醬汁也特別的鮮，卻不知是什麼緣故？結果在海南島三亞市自助旅遊了三天後，我不但找到了原因，還發現當地的佳餚除了海南雞飯外，還有文昌雞、嘉積鴨、東山羊、和樂蟹，及各種黎族風味菜等，都是只有在當地才吃得到的美食，而且四季不缺。

海南島給我的第一印象很奇特。它像是我的故鄉南台灣，又比南台灣更美更天然，山水也更大氣。海南島到處是椰子樹香蕉林，開著九重葛雞蛋花洋紫荊，也都長得比南台灣更高更壯更美。海南島古名瓊州，遠在二千多年前，漢武帝元封元年（西元前一一〇年）時，他就已在海南島建立珠崖、儋耳兩郡。從此，海南島就正式納入中國版圖，成為中國的領土。

據說，海南二郡之所以取名為珠崖、儋耳，是因為「崖岸之邊產珍珠」，和當

黎族的紡織技術很發達

地黎民的耳朵上戴了許多大耳圈的緣故。海南島身為中國最南端的領土，面積有台灣的一半大，自古便是流放政治犯的地方，蘇東坡就曾被流放到儋耳一帶，也就是現在海南島南端的儋州市，離三亞市不遠。他在那裡講學授徒，教化了當地的土著——黎族，也提昇了當地的飲食文化。

元代的女紡織家黃道婆，少時因不甘當童養媳，從上海搭上了一條商船飄泊到海南島，寄居在珠崖（現在海南島北部的瓊山市），長達四十年之久。她在學習了當地黎族的紡織技術後，連同黎族的紡織

黃道婆與黎族婦女

工具一道帶回故里上海廣為傳授。如今在三亞的黎族文化村仍塑立著她的銅像，以紀念她對中國紡織業的貢獻。

宋美齡的父親宋耀如，祖籍海南文昌市，有當地黎民的血統，成年後才搬到上海定居，生下了著名的「宋家三姊妹」，對中國的現代史影響深遠。如今文昌市的宋氏祖宅已立為「宋慶齡祖居」，供人參觀憑弔。文昌市在三亞市之北，有兩小時的車程。

我覺得那些被流放，或自我流放到的海南島的人，能居住在這個美麗的小島上，其實是一種福氣。

你看那四季如春的天候，柔軟細白的沙灘，崢嶸奇兀的山石，翠綠紅艷的花草樹木，五花八門的美食，那一項不勝過窮山惡水的黃土高原，和夏熱冬冷的上海？如今三亞市是中國目前首屈一指的渡假勝地，有「東方夏威夷」之稱，五星級酒店林立，渡假別墅如雨後春筍般的冒了出來。瀋陽、哈爾濱的東北富豪們，爭先恐後的來三亞市買別墅，以躲避嚴冬酷寒的風雪。而我們呢，則特地飛去躲避舊金山濕冷的冬雨。

海南雞飯、椰子汁

要吃正宗的海南雞飯，一定要親自來海南島。我們住在三亞市的亞龍灣大酒店，一入住我就迫不及待的到一樓餐館用餐，點了著名的海南雞飯，佐以椰子汁。

根據史書記載，海南島上生長椰子樹的歷史，至少可以追溯到二千多年前的漢成帝時代：「瓊州多椰子樹，昔在漢成帝時，趙飛燕立為后，其妹合徒諸珍中有椰子席，見重於世」。當年宋朝大文學家兼美食家蘇東坡，被謫遷海南島時也十分喜歡椰子樹，還特別喜歡喝椰子汁，曾在詩中對其大加讚賞：「美酒生林不待儀」，意思是；椰林中有的是天然的美酒，不必依賴夏禹時代的釀酒專家——儀狄——來釀造了。

正宗海南雞飯

看樣子蘇東坡這位美食家，不論被貶謫到哪裡，都很能隨遇而安，享受當地的美食，真是個有福之人。他被貶到廣東時，也曾寫下「日啖荔枝三百顆，不辭長做嶺南人」的詩句。不過說實在的，海南島的椰子個頭雖大，椰子汁卻帶著一絲酸澀之味，遠比不上泰國椰汁的甜美，也沒有台灣椰汁的清涼退火，大概是原汁原味，未經改良的緣故。

那盤正宗海南雞飯的滋味卻是人間絕味，無論是在新加坡，在北京，在香港，都吃不到如此佳餚。它一上桌便令我驚艷：褐黃的鷄皮，雪白的雞肉，雞皮和雞肉間有一層透明的膠質，用的是文昌市特產的土雞。飯粒圓大的秈米飯，飄散著迷人的飯香，用的是當地特產的秈米。另有鷄湯一碗，金黃透明。沾鷄的醬汁有三碟：黑醬油、紅辣椒醬、黃辣椒醬。那兩碟紅辣椒醬和黃辣椒醬，色澤特別的的紅艷金黃，辣度驚人，原來是用當地特產的「黃帝椒」所舂製的，是標準的黎族風味。

正宗海南雞飯無論是雞肉、米飯、醬汁，用的都是海南島的特產。如上所述，這是一道雞肉配香飯的菜餚，據說起源於中國海南島的文昌市，在新加坡、香港頗受歡迎。海南人以文昌市當地的白切雞做法，配以雞油和浸雞水烹煮的米飯。二十世紀初，隨著海南島的移民潮傳至東南亞等地，後於新加坡發揚光大。

據說海南雞飯的做法非常嚴謹繁複，非一般家庭所能製作，只能到館子裡去吃。首先是要處理秈米：先把洗淨的秈米在乾鑊上小火炒香，但千萬不能炒焦，主要是讓秈米有米香，和較為乾硬的質地，以便較容易吸收將用來煮飯的浸雞水和雞油。

然後還要處理雞，這是最關鍵的步驟。廚師們先把挑選好的文昌雞沖淨抹乾，把雞油和內臟切出備用。雞油用來煮飯，內臟用來煮湯。以食鹽、薑汁，花椒粉及八角粒，擦在雞內外，醃個十－三十分鐘左右，再把水煮大滾，把醃好的雞放入滾水中。

待水再滾後，即刻關火蓋鍋蓋。等沸水自然冷後，再用筷子在雞脾位置試試看是否容易插入，如果雞肉已熟，再用冷水先沖一沖，後放入冰水中浸十－二十分鐘，以保持肉質嫩滑，使雞皮和雞肉之間形成有一層透明的膠質。

最後，把先前處理好的秈米，加小量蒜碎、雞油，和適量的浸雞水，煮成雞油香飯。再把先前切下的雞內臟和白菜乾，煮成湯配飯同用。吃海南雞飯時，通常配三種特別的沾醬，分別盛在三個小碟內，一看就令人食指大動。海南人吃文昌雞時，通常只沾薑茸；吃海南雞飯時，沾醬可要講究多了。

嘉積鴨、紅鳳菜

嘉積鴨，俗稱「番鴨」，是海南島華僑早年從國外引進的良種鴨，最早在瓊海市嘉積鎮養殖繁衍，而又以該鎮加祥街一戶丁姓居民飼養的番鴨最為出名。據說鴨肉肥厚，皮白滑脆，皮肉之間夾一薄層脂肪，滋味特別甘美。海南多佳麗，我們那晚在三亞市區參觀了著名的選美勝地「美麗之冠」後，順便在附近的一家酒吧式餐館用餐。那家餐館閃著俗麗的霓虹燈，食客盈門，看起來食味應該不差。

可惜比起海南雞飯，嘉積鴨的滋味卻使我有點失望，就像香港人所說的「嘛嘛的」（不怎麼樣）。我特地點了一盤白切嘉積鴨，以品嘗它的原味。那嘉積鴨比北京鴨瘦，比台灣鴨肥，但鴨皮無油不脆，鴨肉的確頗為肥厚，卻少了那麼一點獨特的鴨鮮味，吃起來有點單調。反倒是我點的那盤炒紅鳳菜，色彩紫紅翠綠的很養眼，滋味也相當鮮脆滑嫩。海南島野菜多，當地流行吃野菜，紅鳳菜就是很特殊的一種。

紅鳳菜（學名：Gynura bicolor），又名紅菜、補血菜，是菊科三七屬的藥用植物。葉片背面呈紫紅色，正面呈深綠色，葉肉厚，含水量高。分布在日本、緬甸、尼泊爾、臺灣、不丹、印度以及中國的廣東、廣西、四川、雲南、貴州、海南等地，生長於海拔六〇〇米至一五〇〇米的山區，多生長於山坡林下、岩石上和河邊濕處，現在也人工栽培作為食用蔬菜，營養豐富，在台灣被譽為「補血菜」。

東山羊

東山羊的滋味倒是好得出奇，尤在海南雞飯之上，滋味勝過新疆羊肉，不愧為「海南四大名菜」之首。東山羊，產於海南島萬寧市東山嶺，離三亞市只有一個小時的車程。東山嶺不僅有美景古蹟，名揚瓊島，更有「三寶」，譽滿海南。當代著名劇作家田漢曾有一詩，盛讚東山三寶——羊、茶、泉，詩云：「瓊州多勝地，此嶺獨巍然。羊肥愛芝草，茶好伴名泉」。

據說東山羊的美味，是因那些羊群食用東山嶺的稀有草木所致，因此肥而不膩，食無羶味，而且滋補養顏防濕熱。東山羊毛色烏黑，食法多樣，有紅燜、清湯、椰汁、乾煸及火鍋涮等多種吃法，都各具特色，但都好吃。東山羊鮮美的奧秘，是因為生活在東山嶺。當地盛產一種叫鷓鴣茶的野生植物，用這種植物製成的茶清香醇厚，是海南的名茶。東山羊就是長期食用鷓鴣茶的葉子，肉質才會如此鮮嫩不羶。

我們在遊「大小洞天」在怪石嶙峋的海邊徒步了兩小時後，都急需補充體力，便在那裡的餐館嘗到東山羊的佳味。那是乾煸的東山羊肉塊，以洋葱、辣椒調味，香辣肥嫩，令人欲罷不能。如此膘肥皮薄，肉嫩無羶，肥而不膩，味道鮮美的佳餚，真是人間難得幾回嘗。據說用東山羊肉來燉湯，湯味濃稠乳白，氣味特別芳香，那天有機會必再嘗試。

難怪東山羊自宋朝以來就已享有盛名，曾被列為「貢品」。民國時期，南京政府也將其列入「總統府」膳單，而今更是名揚四海。海南人無論娶嫁壽喪，還是逢年過節，均是「無羊不成宴」的說法。很多游客到海南都以吃到一盤「不是野味勝野味」的東山羊為榮。更有善於煽情的導遊編了一句民謠：「來海南不可不去東山嶺，來東山嶺不可不嘗東山羊。」此也足見東山羊的魅力之大了。

和樂蟹、膏蟹

和樂蟹，學名鋸緣青蟹，其實就是台灣人所稱的「紅蟳」，我的故鄉屏東縣也盛產，價格雖然昂貴，拜地利之便，我也幸運的吃過不少。海南島的和樂蟹，產於萬寧縣和樂鎮一帶的海中，以甲殼堅硬，肉肥膏滿著稱，與文昌雞、嘉積鴨、東山羊並列為海南四大名產。

和樂蟹（紅蟳）與內地河蟹（如大閘蟹）相比，有兩大特點：一是脂膏幾乎整個覆於後蓋，膏質堅挺；而內地河蟹膏質爛軟，為塊狀，數量比和樂蟹少。二是和樂蟹的蟹肉比河蟹質優量多。和樂蟹的烹調法多種多樣，蒸、煮、炒、烤均具特色，尤以「清蒸」為佳，既保持原味之鮮，又兼原色形之美。剖開後蘸以薑、蒜、醋配成的調料，原汁原味，盡在其中。那種膏滿肉肥為其他蟹種罕見，特別是它的脂膏，金黃油

▎上：嘉積鴨
▎中：乾煸東山羊
▎下：花菜炒膏蟹

亮，猶如鹹鴨蛋黃，香味撲鼻。

我最愛吃螃蟹，到了海南島，當然不想錯過和樂蟹的美味，遺憾的是去了好家餐館，都說和樂蟹賣完了，大概是產量不多，人氣太旺的緣故。我只好點了普通的膏蟹來嘗鮮。有一盤海南膏蟹加了白花菜，以乾辣椒爆炒，滋味也頗新奇，蟹殼炒熟後有美麗的鮮紅花紋，像是花蟹。有一次吃到另一種海南膏蟹，外觀頗像和樂蟹，是用辣椒乾爆的。蟹膏雖然不少，卻是糊狀的，蟹肉也不如和樂蟹的緊實鮮甜。看樣子海南島的螃蟹種類頗多，並不只有和樂蟹一種呢！

山蘭酒、三色飯

我們有一天參觀了海南島的黎族文化村，進一步了解了黎族的歷史和文化。

黎族是源於中國古代百越的一支。西漢曾以「駱越」、東漢以「裡」、「蠻」，隋唐以「俚」、「僚」等名稱來泛稱中國南方的一些少數民族，海南島的黎族先民也包括在內。「黎」這一專有族稱始於唐末，到宋代才固定下來，沿用至今。

黎族雖然沒有自己的文字，卻創造了豐富多彩的口頭文學。形式活潑，題材廣

黎族名酒（山蘭酒）

泛，內容豐富，世代相傳。主要包括故事、傳說、神話、童話、宗教家譜等。比較著名的有、《五指山大仙》、《洪水的傳說》、《甘工鳥》、《鹿回頭》等。既反映了社會歷史，總結生活經驗，傳播各方面的知識，豐富了人們的精神生活，也寄託了黎族人民的美好希望和追求。

黎族也是個能歌善舞的民族，我們在「海南黎族文化村」有初次的體驗。他們有自己的傳統樂統器：鼻簫、口弓、叮咚板、獨木皮鼓、蛙鑼等，演奏出富有民族情調的音樂。他們不但善唱歌，也喜歡跳舞，舞蹈來源於生產和生活，和對祖先的崇拜。較著名的舞有招福舞、打柴舞、竹竿舞、舂米舞等。舞蹈時，往往歌聲、打擊樂和喊聲相融，場面非常熱鬧歡快。

至於他們的飲食特色，除了喜歡吃辣外，還善於釀山蘭酒，做三色飯。山蘭酒是黎族的「茅台」，當地人稱之為「biang」酒。是採用黎族所居山區一種旱糯稻——山蘭稻米和黎山特有的植物，運用自然發酵的辦法製成。對於黎族來說，山蘭酒就像國外的香檳一樣，只有逢貴客來臨或重大節慶時才拿出來痛飲。

黎族的「三色飯」是海南黎族在傳統節日——農曆三月三必製的一種美食，寓意來年平安如意，吉祥幸福。三色飯有紅、黑、黃三種顏色，取自天然植物，沒有人工色素；而且三種米飯的顏色相映成趣，形態美觀，藥味中帶有甜香，極具特色。

黑色天然染料，用的是楓樹葉。三月三前的七至十天前，他們便摘採鮮嫩的楓樹葉，搗爛後用不沾油污的陶器，加山泉水發酵備用。紅色天然染料，採用的是當地人叫做「紅草」的植物，往往自家種植，三月三前的一兩天才採摘晾乾備用。黃色天然染料，用的是黃薑，也是自己種的，三月三前的一兩天挖採洗淨晾乾備用。

三色飯的製作頗為費工：楓樹葉汁發酵好後，就變成了黑色濃汁，先煮熟放涼並過濾。將紅草切碎加山泉水，用慢火熬煮讓它變成紅色，放涼過濾。將黃薑搗爛加山泉水，同樣慢火熬煮，使其成為黃色濃汁，放涼過漉。然後，用以上紅、黑、黃三種顏色的濃汁，分別浸泡山蘭米，時間約一個晚上八小時左右。最後，他們在三月三的早上，再把浸泡好顏色的山蘭米，漉去水分，用蒸籠盛好，隔水蒸煮一個半小時後，香噴噴的三色飯才能出爐，真是得來不易啊！

日本的大王山葵農場

我曾因外子出差工作的緣故，跟他在日本的橫濱住過一年，東京住過兩年。如果說台灣是我的第一故鄉，美國是我的第二故鄉，那日本就是我的第三故鄉了。

十幾年前我們搬離東京回到加州定居後，對日本不時仍感到懷念。於是二〇一五年七月趁外子去日本長野縣出差之便，我們決定重遊日本，順便溫習一下我荒廢已久的日文。我們除了去東京懷舊一番外，也去了長野縣泡泡著名的淺間溫泉，嘗嘗當地鮮美的風味佳餚，遍遊名山勝水，還意外的參觀了一個著名的農場——大王山葵農場，留下了深刻的印象。

長野縣（Nagano prefecture）古名「信州」，最有名的特產是手打蕎麥麵（Soba），在日本到處可見，在美國也可以吃到。長野縣也是日本的第二大縣，僅次於北海道，離東京不遠，最便捷的交通方式是從東京搭乘長野新幹線，大約一個小時就到了長野縣的輕井澤。但長野縣縣如其名，真的是「又長又野」，面積廣袤，高山林立，溫泉流淌，清溪處處，農場、牧場遍佈，綠葉紅花，山明水秀，比起人潮洶湧的東京水泥叢林來，像是一個美麗的世外桃源，對不耐車馬喧的都市人具有莫大的吸引力。

長野縣的城市大多位於小山或高原之上，因此氣候比東京要涼爽些，素有「東京人的避暑勝地」之稱。長野縣內最著名的城市就是輕井澤（Karuizawa），日本皇室和東京的百萬富翁，大多在這裡擁有一棟避暑別墅。據說日本的裕仁天皇和美智子皇妃，當年就是在輕井澤的避暑別墅打網球，相識相戀，進而結成連理，相伴一生的。從此輕井澤變成了日本情侶最嚮往的約會場所。而巍峨綿長的日本阿爾卑斯山的中央山脈，也位於長野縣境內，海拔三〇〇〇公尺的山頂積雪終年不化，因此一九九八年的世界冬季奧運曾在長野市盛大舉行，共有七十二個國家和地區與會，長野縣也因此名揚於世。

長野縣也有「東京人的穀倉」之稱。它那清澈的溪流中游著毫無土腥味的鯉魚、鱒魚，零汙染的溪水灌溉出碧綠的田野，葳蕤的農場，結出了甜美的蔬菜水果，育成了壯健的牛馬。除了優質的稻米、蘋果、水蜜桃、葡萄、清酒、牛肉、馬肉、雞蛋……外，當地還盛產一種日本人不可或缺的副食品——山葵。山葵到底是什麼呢？其實大家可能都吃過，卻不知其學名。大家都知道日本人是以生魚片和壽司為主食的，吃時一定會佐以山葵泥（俗稱「綠芥末醬」）食用，因為它有殺菌的作用，並可使生魚片和壽司的美味倍增。

山葵（日語：わさび），學名Wasabia japonica，原產日本，是一種屬於十字花科的植物，又稱為「山崳菜」，為綠色植物，味道極其強烈。山葵的枝葉看起來就像芥菜，但一般製作山葵泥，使用的只是它的根部。山葵泥的辛辣之味跟辣椒完全不同：辣椒的辣味刺激的是我們的舌頭，山葵泥的辣味刺激的卻是我們的鼻竇，那股強烈的辣味再從鼻竇直沖腦門而出，給人一種說不出的快感。我嗜吃生魚片，吃時常得佐以大量的山葵泥食用，才覺得痛快盡興。野生的山葵常見於日本的山谷河流之旁，但數量並不多。因為山葵的市場需求量大，日本也開設了不少專門栽培山葵的農場。山葵喜歡涼冷的氣候，因此山葵農場多見於高山之中。其中位於長野縣的「大王山葵農場」，就是很有名的一個。

「大王山葵農場」成立於一九一五年，歷史悠久，位於長野縣的安曇野市郊區的穗高和平鎮，海拔一〇〇〇多公尺，在日本被認為是全國最大的平面山葵農場。我也參觀過日本其他地區的山葵農場，它們的面積雖也都不小，但大多是將山葵成排的栽植於山坡之上，狀如梯田，不像大王山葵農場的山葵，全部是種植在高山中的一大塊平地上的，分為好幾個山葵田，看起來鬱鬱蔥蔥，規模宏偉；而且遊客們可以隨興的漫步於小徑之中，好好的參觀山葵田中的葵苗的形貌及生長狀態，非常具有教育性。

安曇野市（Azumino city）是位於長野縣中西部的城市，離日本國寶——松本城——不遠，搭計程車大約有四十分鐘的車程。安曇野市內有一條清澈的梓川流過，以新鮮豐富的農產品名揚日本。「大王山葵農場」所產的山葵全部以天然山泉水灌溉，因此根部長得特別翠綠肥大，所磨出的山葵泥也特別辛辣有味，裝在牙膏狀的塑膠筒內出售，我毫不猶豫的買了一筒，準備帶回家好好享用。在美國幾乎所有的壽司店，以及日本大部分的壽司店，用的大多是仿製的山葵泥。因為真正的山葵栽培成本高，所磨成的山葵泥價格非常昂貴。

「大王山葵農場」的風景也極為幽美，在一九九〇年由著名的國際導演黑澤明所導演的日本電影《夢》，就曾在這裡取景。這裡有茂密的林木，碧綠的深潭，深潭上還有一架古樸的水車，曾出現在這部名片中。《夢》的全片由八個十五分鐘的片斷所組成，都以「曾做過這樣的夢」做前引，這種割裂敘述的技法似乎是黑澤明喜歡採用的。其中的第十夢「水車村」就是黑澤明夢想中的桃花源：人們與大自然共榮，不用任何科技文明的產物，只使用最自然最原始如同千年前的生活用具，就可以快樂自由

山葵田

的生活成長。

我們漫步在這個山葵農場中，看著那大片大片翠綠的山葵苗，和不時出現的古老石雕，呼吸著新鮮的高山空氣，真是覺得心曠神怡，感到一種天人合一，物我兩忘的喜悅。我也學到了不少跟山葵有關的知識：原來山葵栽培不易，煞費心思，怪不得價格不菲。它喜歡涼冷的天候，葵苗需在攝氏十五度以下的泉水中生長。它需要陽光，但又怕強烈的日曬，因此在成長期間需要用紗布遮蓋，免得被曬傷。這種專用來遮陽的棕灰色紗布，日名叫「寒冷紗」，意思就是「讓山葵苗

大王農場中有許多古老的石碑

保持寒冷狀態的紗布」。

山葵通常以根部出售，山葵根需要磨成細泥狀才能使用。山葵泥作成後需要封好，防止氣味揮發。因此壽司師傅製作壽司時，通常會把山葵泥放在魚和飯之間。山葵葉可以食用，也有山葵根的辣味。山葵葉用鹽、醋、醬汁醃製過夜後可製成山葵沙拉，又可以用醬油開水烹煮，作為下飯、下酒的小菜或卷壽司的材料食用，甚至可以蘸上澱粉漿後炸成天婦羅。

大王山葵農場內還擁有寬敞的美食餐廳和商店。遊客們可以嘗試傳統的主食，如山葵蕎麥麵（當地特產）和山葵天婦羅（油炸大蝦和蔬菜），甚至山葵冰淇淋、山葵啤酒等。我們鼓起勇氣，點了一筒山葵冰淇淋來嘗嘗，很驚訝的發現那充滿了牛奶味的冰淇淋中，加入了一點山葵的辣味，竟變得風味倍增，滋味更令人驚艷！他們還開發出山葵茶漬、山葵豆子等特產，也頗受歡迎。看來日本人很擅長於為農產品加值呢！

日本泡溫泉

在嚴寒的冬季夜晚，情侶們投宿於日本古意盎然的溫泉旅館中，泡在暖滑清澈的溫泉裡，眺望著窗外皚皚的白雪，那種企圖遠離塵世的純粹之愛，雖為社會所不容卻深陷無法自拔，極度絕望，極度悲哀，又極度唯美，這是日本現代愛情名著《失樂園》中很動人心弦的一章，作者渡邊淳一將這種難以描繪情境寫得絲絲入扣，轟動一時，曾經是日本和台灣最暢銷的長篇小說之一。

不泡溫泉，不算去過日本。泡溫泉在日本人的心目中，的確是一件莫大的賞心樂事。而在日本泡溫泉，四季皆宜，並不限於寒冬。寒冬賞白雪，春天賞紅櫻，夏日賞綠蔭，秋日賞丹楓，都令人心曠神怡，寵辱皆忘。泡溫泉的人也不只限於情侶，凡是夫妻、朋友、家人無不相宜。我和外子因為曾在日本住過三年，也常去日本旅遊，泡過形形色色的溫泉，品嚐過五花八門的溫泉料理，都是令人難忘的人生經驗。

印象最深的是我們幾年前去京都賞櫻，投宿在琵琶湖畔一家著名的溫泉旅館，泡完溫泉後我們披著浴衣，循著小徑，漫步於琵琶湖畔。苔痕新綠，吉野櫻盛開，春風拂面，櫻花花瓣紛紛掉落，那種京都獨有的古典懷舊情緒，不禁令人想起《源氏物語》中的男女主角，如源氏、葵、紫之上……等。「年年歲歲花相似，歲歲年年人不同」，他們在平安時代的賞櫻情懷，可與現代的我們相似？我們散步後覺得腹部微餓，剛好回旅館享用色香味俱佳的京都懷石料理，那種身心合一的舒暢美感，至今仍難以忘懷。

我們最近又特地去了長野縣，想泡泡著名的淺間溫泉，順便一覽周遭美景，特地在當地歷史最悠久的溫泉旅館「小柳庵」住了五個晚上。淺間溫泉位於長野縣中部的松本市東部的淺間山上，離東京有三小時的車程，是長野縣有代表性的溫泉療養地之一。這裡的溫泉水質據說對治療風濕性疾病、腸胃病和各種外傷很有療效。大約四百年前，松本城的城主在這裡建城，當時淺間溫泉曾是這位城主專用的入浴場所。這裡交通便利，是去安曇野和上高地觀光的落腳點，也是登臨日本阿爾卑斯山北部山脈的大門。

有人可能沒聽過「淺間溫泉」的大名，但如果你知道這裡就是頗具爭議性的日本名女人——川島芳子——的故鄉，那可就印象深刻了。川島芳子的養父川島浪速的

淺間溫泉入口

故居就在「小柳庵」附近，他曾在這裡慶祝七十大壽，川島芳子回鄉探望他時，也都住在這家旅館。此外，日本皇室來訪時也常下榻於此。這裡不但溫泉設備完善，溫泉料理也特別美味，價格又合理。我們住的是五樓的和室，房間寬敞，可以俯視整個松本市，一泊兩食的價格每天也不過每人一五〇美元左右，真是比東京市的物價便宜得太多了。

日本活火山多，天然溫泉也多，淺間山就是一座活火山。日本幾乎全國各地都有溫泉可泡，溫泉的水質各不相同。泉水或清澈，或乳白，或無色無味，或帶硫磺味。水質或偏酸性，或偏鹼性，或酸鹼平衡，並含有大量礦物質，據說泡了可治療各種不同的疾病，對健康有益，因此日本人自古就發展出泡溫泉的優良傳統，並將這種風氣傳播到了台灣。

日本自古就有大眾「風呂」的存在，男女老少共治一池。「風呂」者，溫泉浴場之意也。溫泉在日文中叫「湯」，泡溫泉也就是「泡湯」。日本後來又逐漸發展出男女分浴的制度，男性溫泉浴池叫「男湯」，女性浴池叫「女湯」。而可供食用的熱湯，在日文中反而叫「汁」，如味噌湯在日文中就叫「味噌汁」，不是味噌湯。

室內的溫泉浴池通常較大，可以同時泡數十人；室外的溫泉浴池通常較小，即「露天風呂」，最多只能容納五、六人，隱私性甚佳，是看風景呼吸自然空氣好去處，也是我最中意的地方。有時只有我一個人，可以自由自在的泡個半小時。泡完溫泉後披著浴衣，回到榻榻米寢室裡，悠閒的在那裡享用女侍端來的溫泉料理。天氣溫暖時，還可以飯後再披著同一件浴衣，足登日本木屐，到溫泉街上逛街散步，吹吹清涼的晚風，順便消化一下。

溫泉料理，通常都是用當地特產所精製而成的會席料理，也是溫泉旅館招徠客人最大的attraction。淺間溫泉的溫泉料理，無論滋味菜色都獨特出眾，值得推薦。我們那裡住了五天，一共吃了十餐溫泉料理，每餐的菜色居然都不相同。唯一相同的是：食材新鮮，食味佳美，服務週到親切。

第一晚我們在榻榻米寢室內用餐，每人份的會席大餐，居然有十幾道之多，由服務生一道道送來，並有現釀的杏子甜酒助興。但我們不習慣像日本人一樣的坐在榻榻米的矮几上用餐，酒醉飯飽之餘也覺得腰酸背痛。幸好這家旅館擁有三家高級餐館，以後的九餐我們都要求改成在餐館裡用餐，吃溫泉料理才變成一種享受。

要有新鮮佳妙的食材，才能烹調出美味的料裡。長野縣因山高水清，擁有這個優良的先天條件。這裡除了優質的稻米、蘋果、水蜜桃、葡萄、清酒、牛肉、馬肉、鯉魚、蕎麥、雞蛋、牛奶……外，也盛產皇帝豆（lima beans）、山葵、山椒、菇類、番薯、山藥、蘆筍……等高冷蔬菜，以及其他形形色色的蔬果。

長野縣山上很適合種植蕎麥。當地人多半將成熟的蕎麥麥粒磨成麵粉，再加上適量的水分，手工揉製成蕎麥麵糰，再拉成蕎麥麵條，是長野縣最有名的特產之一，在日本各地都可以吃到。這家旅館卻很巧思的將它炊煮成蕎麥飯，濃濃的蕎麥芳香，有彈性的飯粒口感，拌著黏黏的山藥泥食用，令我們驚艷萬分。

▍在榻榻米寢室裡享用溫泉料理

▍有鯉魚生魚片的溫泉晚餐

用棉花糖起鍋

此外，他們以信州味噌醃漬而成的皇帝豆莢，脆嫩鮮甜；肥嫩的新鮮豬肉小火鍋，每人一鍋，用生雞蛋當沾汁，滋味非凡！原來長野縣的雞蛋乾淨到幾乎無菌，可以生吃當沾汁；也可以用溫泉燙成五分熟的「溫泉蛋」，浸在特製的醬汁裡食用，鮮美嫩滑。油炸天婦羅由番薯、蘆筍、南瓜、柳松菇……等野菜所組成，沾著山椒鹽食用，香脆可口。

有一種豆腐居然是以新鮮皇帝豆製成的，色澤碧綠，甘脂欲溶。有一晚我們吃到肥嫩的霜降牛肉火鍋，每人一鍋，居然是以棉花糖起鍋的！配料有大蔥、南瓜……等，滋味一流。還有一晚吃到霜降牛肉鐵板燒，配料是南瓜、蘆筍、玉米筍……等，每個人的面前又都有一塊小鐵板，我們邊烤邊吃，又是不同的滋味。

不過吃了十餐豐盛的溫泉料理後，不由得體重增加。我回家後努力運動節食一個月，才減去那多出來的五磅。美食家的人生好像就是這樣無奈的循環：美食增重減肥……，如何在享受美食之餘，同時保持身材與健康，這就是身為美食家最大的挑戰！

霜降牛肉火鍋食材

桃太郎與鯉魚宴

在一個偶然的機緣下，我來到了日本長野縣的佐久市，並很驚喜的發現這裡就是日本《桃太郎》傳說的故鄉，也是稀有的日本「鯉魚宴」的發源地！

話說在甲午戰爭後（一八九五年）台灣很不幸的被清廷割讓給日本，從此成為日本人的殖民地長達五十年之久，一直到第二次世界大戰結束後（一九四五年）才光復。我的父母就是在日治時代長大的台灣人，我幼時母親所教我唱的第一首兒歌，居然就是日本的童謠《桃太郎》（Momo Tarosan）！那時我並不太瞭解那些日文歌詞的含意，只是垂涎水蜜桃的美味，跟著她哼哼唱唱而已，長大後早把歌詞忘了個精光。《桃太郎》童謠因為在日本耳熟能詳，「桃太郎」一詞竟變成了日本人的同義語；就像美國人有時會被尊稱為「山姆大叔」（Uncle Sam）一樣。

《桃太郎》傳說的概要是：很久很久以前，一個偏僻的小村子裡住著一對老夫婦，他們很想生小孩卻生不出來，十分苦悶。有一天老爺爺上山去砍柴，而老奶奶在河邊洗衣服時，竟撿到一個大水蜜桃。她很高興的帶著這個桃子回家，想要切來吃卻切不開，只好等著砍柴回家的老爺爺幫忙。最後在兩人同心協力下，終於切開了這個大桃子，但從桃子裡竟蹦出一個小男孩，他們便為他取名叫「桃太郎」。桃太郎長大後前往鬼島為民除害，一路上桃太郎用糯米糰子（黍團子）收容了小白狗、小猴子、雉雞，最後團結一心，成功消滅了可惡的鬼怪。桃太郎帶回來很多財寶後，和老父母過著幸福的日子。

我今年七月因外子出差之便，意外的跟他來到了長野縣的佐久市，才知道這裡就是《桃太郎》傳說的發源地之一，不禁有種「回家」的感覺。據說《桃太郎》這個著名的傳說就是用佐久的方言寫的，在我享用鯉魚宴的「佐久旅館」裡，老闆就在一張張的白紙上打印著鮮紅字體的《桃太郎》故事，並用來當成他們所有的鯉魚宴菜肴的紙墊。

長野縣古名「信州」，當地盛產量多質優的水蜜桃，才會催出這個跟水蜜桃有關的傳說。根據日本的童話蒐集專家關敬吾的考證，他認為《桃太郎》是起源於日本遠古時代的農村，祖父母在晚上向兒孫比手畫腳說故事，口耳相傳，一代傳過一代的傳說。其實日本目前一共有二十五個縣市地區，自稱他們有證據證明他們的所居地就是

佐久旅館外觀

桃太郎的故鄉，而長野縣的佐久市只是其中之一而已，但我覺得可信度頗大。

在日本的戰國時代（一四六七－一六〇三），長野縣曾經是「信越國」的領地，領主為上杉謙信。信越國與領主為武田信玄的「甲斐國」（今之山梨縣，富士山所在地）接壤，兩國不時為爭奪資源而發生爭鬥，尚武之風極盛，因此傳說中的桃太郎自然也是一位能征善戰的武士。佐久市雖然只是一個小城市，但目前是日本TDK公司的所在地，因此長野新幹線也設有「佐久平」一站。佐久市位於淺

桃太郎的傳說源於佐久市

間山之旁，有清澈的高山河流——千曲川——流過，不但生產優質稻米，而且以稻米和千曲川水共同發酵所釀成的日本清酒，也相當著名。此外，千曲川水中還盛產肥嫩刺少，毫無泥腥味的鯉魚，才會自然而然的成為日本獨一無二的鯉魚宴的發源地！

現代的日本人吃鮪魚、鯛魚、比目魚、鮭魚、秋刀魚……等海魚，是幕府大將軍德川家康統一群雄，結束日本長達一百多年的戰國時代，再定都於關東地區的江戶（東京）以後的事。東京臨東京灣，海灣中漁產豐富，取之不盡，用之不竭，東京築地漁市中所賣的「握壽司」（Nigiri sushi）以物美價廉名聞於世，被視為現代日本壽司的正統。

然而，其實古代的日本人多沿河湖而居，是以鯽魚、鯉魚、鰻魚、香魚……河魚和湖魚為主食。日本的奈良時代定都於奈良，平安時代定都於京都，都是位於關西地區的內陸城市，只有河魚和湖魚可吃。如今日本關西地區仍以鯽魚壽司聞名於世，京都琵琶湖中所產的鰻魚，也被稱為「逸品」。至於鯉魚菜肴，則以位居關東的高山之上的長野縣為第一。長野縣因不靠海，海魚取得不便，會以高山河流中的鯉魚為主食，也是「靠山吃山，靠水吃水」的結果。

我出發去長野縣的佐久市前，仔細研究了一番旅遊手冊，才發現這座我以為名不經傳的日本小城，居然以「鯉魚宴」著稱於世，台灣的媒體也報導過，不禁大為驚訝，並決定要一嘗此味。中國人吃鯉魚的歷史很早：「呼兒烹鯉魚，中有尺素書」的詩句家喻戶曉，鯉魚的吃法也極多，以豆瓣鯉魚、乾燒鯉魚、糖醋鯉魚……最受人歡迎，都是口味濃烈的菜餚。我在河南開封嚐過正宗的黃河鯉魚，做成「醋溜鯉魚」奉客，魚肉細嫩而無土腥味，是我所吃過的鯉魚菜餚中的極品。

那日本人又是如何來烹調鯉魚菜餚呢？出發前我充滿了好奇心。但我買的那本日文旅遊書只提到當地「三河屋」的鯉魚蓋飯物美價廉，每份約一〇〇〇日幣（十美元），是一種平民化的吃食。到了佐久市後，有一天我們特地搭著計程車想去「三河屋」搭品嚐鯉魚蓋飯，卻發現那家小店卻很不巧的適逢週一，打烊休假，只好在附近隨便吃了點東西充饑。幸而親切的計程車司機的推薦「鯉魚宴」的正宗發源地——佐久旅館，我們次日才得以去品嚐這難得的美食。

「佐久旅館」是一家「一泊兩食」的溫泉旅館，於一四二八年開業，至今已傳至第一九代的篠澤明剛先生。原來佐久旅館約於四〇〇年前率先製作鯉魚美食，並五度將鯉魚美食獻給日本皇室享用，並因此而成為「宮中御宿」。佐久市的山上有廣闊的牧場，專門為日本皇室養殖駿馬，因此皇室中人來佐久市巡視的機會不少。日本皇室每來佐久市巡視，必定下榻於此。

「佐久旅館」的鯉魚宴一般只供應旅館內的住客，單獨在榻榻米房間中慢慢享用。那天聽說我們不遠千里而來，特地遠從美國來佐久市品嚐鯉魚宴，便特別開放他們的榻榻米房間，供我們用餐。我先看了菜單，他們的鯉魚宴套餐有許多種，價格相當合理，每份在二〇〇〇－五〇〇〇日幣之間，愈貴的菜色愈多。我點了一套二八〇〇日幣的，端來一看，一共有六道菜，其中鯉魚菜色有三道：鯉魚甘露煮、醋醃生鯉魚片、酥炸鯉魚皮等。外子點了一套二〇〇〇日幣的，鯉魚菜餚就只有一道了：鯉魚味噌湯，兩人分著吃。

「鯉魚甘露煮」是主菜，那就是依日本古方，以砂糖、醬油、清酒及水來蒸煮的鯉魚肚腩，吃來肥嫩可口，不遜於中國的紅燒蹄膀的滋味，而且真的一點泥腥味也沒有，配著上好的長野白米飯食用，吃得非常痛快。只是鯉魚肉總不免有一些小刺，我一邊大快朵頤，一邊仔細的用舌尖把那些細刺剔出來，免得卡到喉嚨。醋醃生鯉魚片鮮嫩可口，清爽開胃。酥炸鯉魚皮黑白相映，外觀極美，佐以當地特產的山椒粉食用，滋味酥脆辛辣，別具一格。那一大碗以信州味噌烹調的鯉魚味噌湯，當然也是鮮美甘甜，適口充腸。

據說「佐久旅館」的鯉魚菜色，還有原條鯉魚生魚片、裹以大量茨汁的乾炸鯉魚、名為「寶樂燒」的鹽燒鯉魚、清蒸鯉魚肝、有冬菇作配菜的鯉魚飯……等。主理人篠澤明剛指出，在佐久一帶清澈及養分豐富的溪水飼育下，鯉魚不但沒有泥臭氣味，經過約三年時間後，肉質更是肥美鮮甜，難怪吃得我們食指大動。

那時我看到那些鯉魚宴菜肴的紙墊，就是一張白紙紅字以佐久方言所寫成的《桃太郎》故事，不禁勾起了我的童年鄉愁和對母親的懷念。我向服務周到的女侍詢問我

上：老公的鯉魚宴以鯉魚味噌湯為主菜
中：我的鯉魚宴（鯉魚甘露煮、炸鯉魚皮、醋醃鯉魚）
下：鯉魚甘露煮套餐

早已遺忘的《桃太郎》歌詞，結果連她也不記得，只好去問老闆娘，記憶力奇佳的老闆娘很殷勤的寫下來給我做紀念。《桃太郎》歌詞其實有好幾段，老闆娘寫給我的只是前兩段：

桃太郎さん、桃太郎さん、お腰につけた黍団子、一つわたしに下さいな。
桃太郎　桃太郎　給我一個繫在你腰上的飯糰吧
やりましょう、やりましょう
これから鬼の征伐に、ついて行くならやりましょう。
走吧　走吧　現在就去討伐惡鬼吧　跟著我一起去吧

其實這兩段歌詞其實也就夠了，我不自禁的輕輕唱了起來，想把那些歌詞牢牢的記在心中。在我自己的歌聲中，我一邊看著那些美味的鯉魚佳餚，一邊心酸的想起我慈愛的亡母這就是她在我幼時一遍遍的教我唱的兒歌啊！如果她現在還能跟我一起享用這些佳味，一起唱著這首兒歌，那該有多幸福啊！「樹欲靜而風不止，子欲養而親不在。」這大概是人生最大的遺憾之一吧！

拉斯維加斯的米其林二星法國菜
——畢加索餐廳

我吃過舊金山灣區的幾家知名的米其林二星餐館，大多覺得名過其實，失望得很。像位於Los Gatos downtown，已因廚房失火而歇業的Manresa，我們二〇一三年九月為了慶祝結婚週年，曾特地去吃了一頓。那時每人四道菜的晚餐（四－course dinner）索價一二〇美元，滋味平平，有一道據說由大廚新發明的湯菜，以日本柴魚粉調味，鹹得要命，比我做的差多了。而且Manresa外觀平凡無奇，室內裝潢亦不亮眼，看起來像是一家普通的家庭餐館，但價格一點可也一點也不普通。窗外又沒有任何夜景可賞，服務雖然不錯，但兩人吃一頓飯枯坐了兩小時，實在無聊得很。

沒想到二〇一四年十二月下旬，我們飛去拉斯維加斯慶祝我的生日和聖誕佳節，竟意外的發現新大陸，對所謂「米其林二星餐館」有了不同的看法。外子在位於「美麗宮大酒店」（Bellagio Hotel）的畢加索餐廳（Picasso Restaurant）為我慶生，經

窗外美麗的夜景

驗意外的美好。不但每道菜都美味新奇，價格還比Manresa便宜：每人四道菜的晚餐只要一一五美元；而且前菜（starter）、第二道菜（second course）、主菜（main dish）、甜點，每道菜都有四－五種選擇，保證滿足任何味蕾挑剔的食客。

畢加索餐廳的室內裝潢亮麗時尚，餐室內擺滿了繽紛七彩的花朵；牆上掛滿了著畢加索人物抽象畫的真跡，風格藝術而大氣。最棒的是窗外一大片絢麗多彩的夜景，不但可以看到「巴黎大酒店」（Paris，Paris）的艾菲爾鐵塔

（Eiffel Tower），還可以看到美麗宮大酒店的「噴泉水舞」，充滿了動感，一邊用餐一邊觀景，賞心悅目，怪不得擠滿了慕名而來的食客。侍者服務的貼心更沒話說，當他知道那天就是我的生日時，馬上安排我們坐在靠窗的兩人小桌，將璀璨的夜景一覽無餘。上菜速度不疾不徐，恰到好處。飯後送上甜點時還插上小蠟燭替我慶生，幫我們拍合照，充滿了歡樂的氣息－這真是我有生以來所渡過的最快樂的生日！難怪這家餐廳還得過AAA Five—Diamond Award，被譽為全美國最好的餐館之一。

畢加索餐廳的主廚Julian Serrano做的是新派法國菜，在純正的法國菜風味裡融進了若干西班牙菜的氣息，也是「分子廚藝」（Molecular gastronomy）的實踐者，善於創新與發明。他是個生長於西班牙馬德里的美國人，學的是正宗法國菜，但也擅長製作西班牙小菜（Tapas）。他一九九八年在美國的拉斯維加斯創立「畢加索餐館」前，就已經驗豐富，廚藝精湛。他曾在許多著名餐館工作過，如舊金山的米其林二星餐館Masa，巴黎的高級餐館Lucas—Carlton，瑞士蘇

畢加索餐館店名招牌

黎克的高級餐館Chez Max……等。畢加索的晚年是在法國和西班牙的南部渡過的，因此Julian Serrano雅好畢加索的畫作，不惜鉅資加以收藏，使得這家高級餐廳看起來也像是一座名貴的畢加索的畫廊。

我們驚喜的坐下來享用後，發現這裡的每一道菜也都像一件優秀的藝術品，色香味俱全。侍者先上了一道贈菜——奶油南瓜濃湯和炸蟹肉棒，配著法國麵包吃，湯味濃郁甘美，法國麵包外脆裡軟，炸蟹肉棒鮮美香脆，真是極具創意的搭配，令人從心中暖到身上。這道濃湯所用的南瓜，並不是一般常用的pumpkin，而是慣稱為「奶油瓜」的butternut squash。奶油瓜的外皮很硬，果肉不如南瓜甘甜，但帶有特殊的核仁味兒，做成濃湯需用洋蔥、香草來提味，製作難度高，但風味更勝一籌。

至於前菜，我選了奶油焗生蠔（poached oysters with osetra caviar and sauce vermouth）。我用叉子挾了一顆放入口中——啊！那是多麼美妙的滋味啊！簡直可以用heavenly來形容，為我們的這頓晚餐掀開了高潮的前奏。那生蠔體積頗大，蠔肉飽滿，用苦艾酒奶醬焗得入口即化，並撒上高級的俄國魚子醬增色，放入口中後只覺味如醍醐，簡直捨不得一口吞下。我讓每隻生蠔在我的舌尖齒際盤旋流連了片刻，才依依不捨的讓它們滑進我的喉嚨裡。一盤只有四隻生蠔，我吃完後仍意猶未盡，巴不得再多出幾隻來。

外子點的是熱鵪鶉沙拉（warm quail salad），一盤中有四塊炸鵪鶉。那澆上了松露油的炸鵪鶉外焦裡嫩，皮香肉脆，火候掌握得恰到好處，配上由苦苣、松子、番茄……等蔬菜核仁所組成的沙拉來食用，風味倍增。鵪鶉是一種稀有的鳥類食材，體積小，肉不多，肉質較粗，調理不易，我想全世界除了中國人外，可能只有法國人才懂得如何吃鵪鶉吧？鵪鶉肉鮮美滋補，但烹調火候不易掌握，這道小鵪鶉肉卻炸得香嫩多汁，不禁令我佩服大廚廚藝的高超。

我們的第二道菜，我點了鵝肝醬配烤吐司（foie gras au torchon with fig and sultana raisin chutney）。那塊粉紅中透著淺紫的圓形鵝肝醬，放在一塊方形的烤吐司上，點綴著一朵紫羅蘭，單是賣相就已令人食指大動。而那鵝肝醬的甘腴柔滑，正是道地的巴黎風味，配著香酥的烤吐司，營造出別具一格的口感，沾著那以無花果和葡萄乾熬出來的果醬，甜中帶著酸意的果味剛好中和了鵝肝醬的濃腴，真是味覺上的極致享受。

外子選的是煎黑鱸魚（Grilled fillet of Sea Bass with cauliflower Mousseline & saffron sauce）。只見白盤中放著一小塊煎好的黑鱸魚，澆上橙紅的醬汁，四周均勻的配上三坨馬鈴薯泥，買相頗為可喜。煎黑鱸魚我吃得多矣，但以這道為第一。那黑鱸魚厚度剛好，煎得皮脆肉嫩，配上以白花菜、番紅花熬出來的醬汁，更有提鮮的效果，不禁狼吞虎嚥的將它吃完。

至於我們的第三道菜，我點了香煎紐西蘭大甲魚（Sauteed fillet of New Zealand Tai snapper with Court—Bouillon Sauce and Fresh Herbs），大甲魚其實就是日本人所稱的「真鯛」，產於日本和紐西蘭煎冰冷的海域。它的外皮是淺粉紅色，看起來很喜氣，肉質鮮美而有彈性，是日本人過年時必吃的佳魚。這種魚肉味溫和，幾乎可以製作成任何佳肴，無論做生魚片、壽司、燒、烤、煎都很出色。我的這道香煎紐西蘭大甲魚也是煎得外焦裡嫩，澆上宮廷高湯醬汁（Court—Bouillon Sauce），更是美味非凡。宮廷高湯醬汁（Court—Bouillon Sauce）是用清水、白酒、芹菜、紅蘿蔔、月桂葉、百里香……等慢火燉成的清淡高湯，專門用來搭配魚類佳肴食用。

外子點的是香煎鹿肉（Sauteed Medallions of Farrow deer with caramelize Green apple & Zinfandel Sauce）。Farrow deer是一種原產歐洲的淡黃色小鹿，肉味佳美。一般的鹿肉因脂肪少，肉質比較乾柴，他的這一大塊鹿肉先煮爛再煎香，真是入口即化，再配上由焦糖蘋果和Zinfandel紅酒所燉成的醬汁來食用，真是好吃極了。鹿肉塊的濃腴厚重，被甜中帶酸的醬汁給完全中和平衡了，不由得把它吃光光。

- 左上：法國麵包＋奶油南瓜湯（bread + Creme of Butternut aquash）
- 左中：熱鵪鶉沙拉（warm quail salad）
- 左下：鵝肝醬＋烤吐司（foie gras au torchon）
- 右上：煎黑鱸魚（Grilled fillet of Sea Bass + caulifloer Mousseline & saffron sauce）
- 右中：香煎鹿肉（Sauteed Medallions of Farrow deer caramelize Green apple & Zinfandel Sauce）
- 右下：橘子冰淇淋雪糕（Tangerine and Blood Orange Glacées, Chambord Syrup, Tangerine Marmalade and Raspberry Sauce）

我選的第四道菜—甜點，是香蕉蛋糕，配著淑女指小餅乾（lady fingers）、香草冰淇淋、烤梨食用，是一種很有創意的搭配，而且造型美觀。他們的香蕉蛋糕做得香鬆可口，甜度適中，烤梨也甜軟清爽。外子的甜點很特別，是筒形的橘子冰淇淋雪糕（Citrus Bombe Tangerine and Blood Orange Glacées, Chambord Syrup, Tangerine Marmalade and Raspberry Sauce），是正宗的法國甜點，以蜜橘和血橘做成，因此這塊筒形的冰淇淋雪糕也有兩個顏色：淺橘和粉紅，看起來甚是美觀。配著以覆盆子甜酒（Chambord）熬成的糖漿，蜜橘果醬，和白巧克力食用，滋味獨特；盤中更以覆盆子糖漿勾勒出美麗的圖案，看起來賞心悅目，唯一的缺點就是太甜了些，但並不損它的美味。

我們酒醉飯飽後，心滿意足的離開餐座。走到前台時，這家餐館的經理還各送給我們一盒小禮物。我們打開一看，每盒中各有兩個小型的香蕉蛋糕，剛好當午後小點心食用。於是我們高高興興的走出了餐館的大門，回程中看著拉斯維加斯七彩斑斕的霓虹夜景，和Mirage Hotel前人群未觀的火山爆發秀，真令我覺得興高采烈——今夕何夕，有此美食佳景？好一個令人難忘的生日！

品味苗栗

苗栗僻處山中，我出國留學前雖在台灣住了二十幾年，卻從沒去過苗栗。近年來因為油桐花的緣故，卻從美國遠道而來，一連去過兩次，而且深深的愛上了這個山城。身為花草植物的愛好者，我覺得偏僻的苗栗縣能以「油桐花」為logo，打響名號，帶動當地的觀光和文創產業，是一大高招。其實台灣中北部的山上，每年五月到處都可看到油桐花的芳蹤，但只有苗栗縣認知了它的內涵與價值，加以有效的運用和行銷，值得其他的台灣偏僻縣市借鏡。

例如我的家鄉屏東縣，我覺得就可以用「鳳凰花」為logo，來代表台灣「下港人」的熱情奔放，艷紅如火，好好推廣動的當地的觀光和文創產業。屏東的觀光景點很多，並不只有一個墾丁公園。屏東的美食小吃也不少，並不只有東港的黑鮪魚、櫻花蝦和萬巒的豬腳。屏東的文學和藝術也百花齊放，並不只有三地門的原住民歌舞可欣賞。

我第一次跟「世華」作家團初訪苗栗，時值五月，正是美麗的油桐花盛開的季節。我們除了觀賞油桐花外，還參觀了古老的勝興火車站，和樸拙的三義木雕，我們中午在一家小店吃午餐，滋味不錯，白斬土雞特別美味。遺憾的是賞花人潮過多，一路塞車，不免影響遊興。還好後來我又再去了一次，這次油桐花尚未開放，才得以悠閒的品味苗栗這個曖曖內含光的山城。

那是兩年前我從美國回台灣探親時，剛好趕上「客家委員會」的招待，順便出訪苗栗，參觀各種以油桐花為logo的文創產業，又品嚐了道地的苗栗美食。那天陰陰的下著小雨，我們的情緒卻非常的高昂。我們一路上的導覽，就是前任的客家委員會副主任委員莊錦華女士。她一身淺藍的套裝，看起來美麗幹練，並讓人想起「桐花藍海」的清麗意象。原來這回的苗栗之旅，正是為了發表她的新著《桐花藍海》而策劃的。

我們那天行程很緊湊，參觀了許多地方。我印象最深刻的是：造橋鄉的「力馬工坊」，親身體驗了客家與原住民文化融合的生活情調，與陶瓷創作的藝術之美；三義鄉的「Y箱寶」木雕藝品，木鴨的造型栩栩如生，精巧圓渾，再繪上雪白油桐花的logo，更顯得色彩明艷，對比強烈，讓我不自覺的想擁有一隻。我也聆聽了西湖鄉五福村的「硬頸暢流客家樂團」的演唱，他們的歌聲洋溢著內斂的苦悶與激情，也深深表現了客家民族的「硬頸」精神，我至今在美國高速公路上長途飆車時，仍不時聆聽著他們的演唱光碟，覺得很能振奮精神，走南闖北，無往不利。

我是個閩南女子，卻嫁做新竹北埔的客家媳婦，很能體會台灣客家民族的苦悶。客家人已經是台灣的少數民族，北埔的客家人更是少數中的少數。他們的客家語音是「海陸腔」，遠祖來自於廣東的海豐、陸豐；有別於苗栗客語的「四縣腔」，遠祖來自廣東省梅縣及附近的興寧、鎮平、平遠等四縣，彼此語音雖大致聽得懂，卻無法直接通話。在客家菜的口味上，北埔菜比苗栗菜要濃重鄉土些，代表菜色是白斬土雞、粄條、鹹湯圓、鳳梨炒大腸……等；苗栗的客家菜比較清淡精緻些，而且有跟閩南菜融合的傾向，因此菜色也有些不同。

我們那天在苗栗的「傳家堡」吃午餐。這家餐館據說是經過苗栗縣政府文化局「客家美食」認證的客家料理標竿店。雕花的木門和桌椅，和滿室的古瓷花瓶字畫，使它擁有「小圓山」的美譽，菜色則是標準的苗栗客家菜。精美獨特的菜肴，使它即使隱身在苗栗市的陋巷中，慕名前往的食客仍然絡繹不絕。

以「客家菜包」而言，北埔和苗栗的菜包內餡雖都是蘿蔔絲或菜脯絲，但我在北埔老街所見的菜包都是草綠色的，以艾草染色而成，通常在清明節食用。苗栗也有艾草菜包，但「傳家堡」的菜包卻是橙黃色的，以南瓜著色，顯得別緻新奇甜美。白斬土雞是所有客家料理中的大菜，但「傳家堡」白斬土雞的雞皮卻特別油黃明亮，肉質也出奇的鮮嫩，我問了一下，原來那些土雞是特用玉米飼養長大的珍品！他們的紅燒豬腳比起北埔，或台灣南部的美濃、萬巒等地的客家豬腳，個頭要嬌小渾圓許多，佐以清酸的筍片，剛好中和了豬腳的油膩，也是不錯的搭配。

最難忘的一道菜，是「四神元寶湯」，前所未見。四神湯我從小常吃，是我娘家祖母的拿手菜之一。四神湯的做法，一般是將豬小腸、豬小肚切碎，放在事先熬好的豬骨高湯中，與四神——四種中藥材：芡實、蓮子（或薏仁）、淮山、茯苓——同燉而成。豬小肚就是豬的膀胱，每條豬只有一個膀胱，因此昂貴難求。台灣夜市中的四神湯，一般都以豬小腸為主，豬小肚為副，而且不放九層塔，只在上桌時灑點台灣米酒調味而已，吃來沒有滿足感，通常得再配一碗筒仔米糕，才覺得功德圓滿。

「傳家堡」卻將這幾種中藥材塞在一整個的豬小肚裡，以豬骨高湯慢燉而成，並以九層塔調味，上桌時才由服務生將豬小肚切開，露出裡面豐富的內涵。滿滿的蓮子和薏仁給人意外的驚喜，也驚佩於如此精細的烹調功夫，不禁頻頻下箸。

我在北埔從來沒見過四神湯。基本上北埔客家人平時只吃豬肉，除了用鳳梨或

上：客家南瓜菜包（傳家堡）
中：紅燒豬腳（傳家堡）
下：客家土雞（傳家堡）

薑絲炒大腸外，他們很少吃豬內臟。豬內臟有腥騷氣，得經過複雜的處理程序去腥除騷，才能做成美味的佳肴，要下田工作的北埔人嫌煩嫌吃不飽，只有在宴客時才製作。我倒是在屏東縣的夜市常吃到四神湯，四神湯已被公認為閩南小吃，由福建的泉州人引入台灣，在台灣發揚光大。我曾親自去泉州的夜市考察過，事實果然如此。

根據民間傳說，四神湯源自清朝乾隆皇帝下江南時，身旁伺候的四位大臣由於過度操勞，相繼病倒。經人開出「芡實、蓮子、淮山（山藥）、茯苓」等四種藥材燉豬肚的藥方，四人服用後即告痊癒，乾隆大悅，昭告天下「四臣，事成！」，宣示四位大臣一切安好。「四臣湯」從此在民間廣為流傳，日久因發音轉變，成為今日的「四神湯」。但因蓮子價格比較昂貴，台灣民間通常以薏仁來取代以蓮子，可治夏日的脾胃虛弱、食慾不振。

先祖母生前常在暑假時製作四神湯，給在盛暑仍需補課的孫兒孫女們飲用，以健胃補身，提高學業成績。因此我至今仍常在夏日烹煮這道藥膳，邊煮邊對她有無限的懷念與追思。豬小腸不好處理，豬小肚不容易買到，先祖母的做法是到我家對面的中藥房抓一副正宗的「四神」中藥，然後將豬肚用鹽抓過，去黏去腥後，切條放在豬骨高湯中，燉「四神」食用。

我加以改良提昇，發明了「蓮子豬肚湯」。我先將整個豬肚用生薑、台灣米酒同煮半小時去黏去腥，再泡在冷水中冷卻後，切成條狀，加台灣米酒、瘦肉、蓮子，以中火同燉約半小時即成。燉食時加一點米醋，就可使豬肚軟脆彈牙，跟蓮子的酥糯甘香，成為絕佳的對比。起鍋前再撒點芫荽、台灣米酒，湯色乳白泛綠，湯味醇厚鮮甘，是我的私房拿手菜之一。

「傳家堡」的滷肉飯也有名，大概是有獨家的私房秘訣吧。滷肉飯又稱「肉燥飯」，在台灣是一種極具特色的庶民小吃，並不是傳統的客家菜，而且在台灣南北有不同的涵義。在台灣北部，滷肉飯指的是淋上含有煮熟碎豬肉（豬絞肉）及醬油滷汁的白飯，有時醬汁裡亦會有香菇丁等的成分在內，「傳家堡」的滷肉飯也是如此。這種作法在台灣南部被稱為「肉臊飯」；因為「滷肉飯」在台灣南部，其實指的是有著滷豬三層肉的「焢肉飯」。

油桐是大戟科油桐屬的植物，一九一五年自中國大陸引入台灣。通常在春夏之際開花，分雌株、雄株，或雌雄同株；花序頂生，花萼筒形，花冠白色五瓣，樹葉互生，卵形或心臟形，核果為球形。花朵一簇簇的綻放，外貌明艷可人。每當春風吹過或春雨打過，那雪白的花瓣便會如花雨般落翩翩下，每年的盛開時辰通常只有短短的

油桐花盛開

一兩個禮拜，就像日本櫻花的「一期一會」，得仔細把握才能歡喜邂逅。

油桐花雖美，卻有輕微的毒性，無法做成可口的美食。每看到那萎謝凋落滿地的油桐花，我就覺得可惜。如能像白河蓮花，或日本櫻花般的拿來入饌，那該有多完美！還有油桐子，那是有劇毒的，絕對不可誤食，只能用來提煉油脂，或做為油漆、印刷油墨的原料。好花易謝，人生無常，「勸君莫惜金縷衣，勸君惜取少年時，好花堪折直須折，莫待無花空折枝」，千萬要珍惜所有良辰美景與名花佳肴，不要等錯過了才暗自痛悔。這大概是苗栗的油桐花之旅，給我的最大的啟示吧！

漫遊哥斯大黎加

事先沒有任何規劃，只訂好了機票和旅館，我們便踏上了哥斯大黎加之旅，只因為我可以找到的旅遊資訊是那麼的貧乏。鼓舞我去哥斯大黎加渡假的兩個朋友語焉不詳，網路上的資訊片片斷斷，我只買到一本Lonely Planet出版的Costa Rica專書，但書裡並沒有建議行程，全靠自己去判斷和決定。

行前我唯一知道的是哥斯大黎加的首都是聖荷西（San Jose），位於西北部，城內可看之處不多。所有著名的景點，如眾多的國家公園、火山、熱帶雨林等，都得出城去看。它已靠近赤道，位於北緯十度；西經八十四度。東臨加勒比海，西靠北太平洋。它的氣候全年在攝氏十七度和二十七度之間，不冷也不熱，溫暖如春。氣候沒有四季之分，只有乾季、雨季之別。每年十二月到次年五月是乾季，六月到十一月是雨季。乾季是旅遊旺季，雨季則是淡季。

哥斯大黎加離美國並不遠，因為沒有直飛的飛機可到，都得在美國境內轉機，來往費時。我們搭的是美國航空公司（American Airlines）的班機，去時一大早八點鐘出發，先飛三個半小時到德州的達拉斯城，再從那裡轉機，再飛三個半小時到哥斯大黎加的首都聖荷西（San Jose），折騰了一整天才到，頗為辛苦。我們本來打算去年趁著乾季去那裡渡聖誕節，因故延期，只好改在今年九月份前往，適逢雨季的高峰，是全年雨量最豐沛的時候。出發前心中有點忐忑：不知道會不會乘興而往，敗興而歸？但因為是旅遊淡季，我們的機票費竟然從一三〇〇美元，降為六〇〇多美元，航空公司還將差額退了現金給我們。衝著這一點，我們便鼓起勇氣，踏上了旅途。

我們住的旅館，是首都聖荷西市的洲際大酒店（Hotel Intercontinental），因為是淡季的緣故，房價也幾乎省了一半。我們訂的是包早餐，包傍晚的Happy Hour的高級套房，每天房價只有一八九美元，真是物超所值。這裡的自助早餐供應各色熱帶水果：鳳梨，百香果，芒果，西瓜，木瓜……等，皆甜美多汁，現煎而由侍者端上桌的歐姆蛋也十分美味。哥斯大黎加的咖啡有名，我每早必來上一杯，佩著香酥的法式可頌食用，真乃人間一樂。這裡通常早上晴朗，下午下雨，早餐後是游泳的最佳時機。在那溫煦的藍天下，在溫水的游泳池裡慢泳片刻，再起來在池邊晒太陽，享受那溫暖如春的天氣，真把渡假的心情推到了最高峰。

兩隻白猴

我們每天都參加由當地的Gray Line旅行社所辦的旅遊團出去觀光，印象比較深刻的有下面幾個地方。基本上，哥斯大黎加的山水風景普通，並不令人驚艷，但因重視環保，到處是天然的熱帶雨林，庇護了許多瀕臨絕種的生物。但大概因為雨季的緣故，我們看到的自然動物並不如我想像的多，這讓我有點失望，但還是覺得不虛此行。

第一是曼努埃爾安東尼奧國家公園（Manuel Antonio National Park）。這是哥斯大黎加的國家公園，位於西部太平洋沿岸，距離聖何西一三二公里，面積六點八二平方公里，成立於一九七二年十一月十五日。這裡不但有濃綠的熱帶雨林，也有細白的沙灘。導遊帶著我們在熱帶雨林中散步了一小時，然後讓我們在太平洋畔自由自在的戲水。海水十分清涼，浴著煦煦的微風，令人心曠神怡。我們並看到了瀕臨絕種的白面猴。那些面貌白晰的猴子三三兩兩的在樹上跳來跳去，真是可愛極了。

第二是參觀布里特咖啡工廠（Britt Coffee Tour）。布里特是專門烘焙咖啡豆的工廠，但也種植了不少咖啡樹和巧克力樹。這裡的咖啡樹用種子栽培，用的是營養豐富的火山土壤，兩個月後才長出兩片小葉子，三年後才有收成。成熟的咖啡果實是鮮紅色的，有甜味，一律手工採收，太陽晒乾，再用烘焙機烘焙成芳香的咖啡豆。

哥斯大黎加的高緯度地方所生產的咖啡豆一向名聞遐爾，香氣濃郁，味道溫和，但極酸。塔拉蘇（Tarrazu）是世界上主要的咖啡產地之一，位於首都聖荷西的南部。咖啡是哥斯大黎加重要的經濟來源，從一八〇八年引進，已有二〇〇年的種植歷史。據說哥斯大黎加有三分之一的人口投入與咖啡相關的產業，產量高達每公頃一七〇〇公斤。哥斯大黎加人口僅有三五〇萬，而咖啡樹卻多達四億棵，咖啡出口額佔據該國出口總額的百分之二十五。哥斯大黎加的火山土壤十分肥沃，且排水性好，特別是中部高原（Central Plateau），這裡的土壤都是包括連續好幾層厚的火山灰和火山塵。

咖啡樹的幼苗

在哥斯大黎加種植的都是優良的阿拉比卡種（Arabica）的咖啡樹，經由改良，咖啡豆的質量更好更穩定；為了方便摘採，咖啡樹經由不斷剪枝維持在二公尺左右的高度。摘採生咖啡豆之後，必須經由去果皮、果肉、種膜及陽光曝晒，才能進行種子（即咖啡豆）烘焙，現在部分流程可由機器替換，生產咖啡的速度增加不少，不過，採咖啡卻沒有任何機器可代勞，一定要使用人工，保證採出成熟的咖啡果實。

第三是參觀伊拉蘇火山和沙拉比丘河。伊拉蘇火山（Volcano Irazu）是哥斯大黎加的一座活火山，位於卡塔戈省（Cartego）省會卡塔戈附近的中央山脈，也是哥國海拔最高的活火山。海拔三四三二公尺，最近的噴發時間是一九九四年。山頂通常雲霧繚繞，難見廬山真面目，我們卻很幸運的見到了。我們那天是參加tour，一大早六點十五分就從旅館出發，只有我們兩個遊客。一上車導遊馬上出發，向火山口進發，

伊拉蘇火山

路上參觀了卡塔戈省的省會卡塔戈，並在清早八點多就抵達了火山口，清楚的見到了火山湖。因為海拔高，火山口氣候清冷，溫度只有攝氏十幾度。火山口旁的植物很特殊，葉片闊綠，據說名叫「窮人的雨傘」。我們看完火山後十點鐘才吃早餐，餐後便駛向沙拉比丘河（Sarapiqui River）。沙拉比丘河意為「蛇河」，是划橡皮艇的勝地，因為適逢雨季，我們只是搭遊輪遊河，河上清風徐來，景觀賞心悅目，見到不少水鳥和鱷魚。遊河後三點才吃午餐，這時雷聲隆隆，開始下雨了。

鱷魚

第四是聖荷西市的黃金博物館（西班牙語 Museo del Oro Precolombino）。我們抵達的次日便參加了聖荷西市區半日遊，參觀了聖荷西的地標國家劇院（National Theater）、中國贈送的足球場、中國城、藝術館……等地，印象平平。最後一天自助旅遊，參觀了這個黃金博物館，覺得頗有特色。它位於Plaza de la cultura廣場下的一個地下建築內，在聖荷西市區，由哥斯達黎加中央銀行管理。

黃金博物館收藏了超過一六〇〇件可以追溯到西元五〇〇年前的黃金文物，包括哥斯達黎加的第一枚硬幣（一八二五年鑄造的Media Escudo），動物（特別是青蛙）小雕像，護身符，耳環，色情小雕像和El Guerrero，一件金色的勇士人物，裝飾著玻璃盒中的金飾。在哥斯大黎加的歷史上，黃金被認為是權威的象徵，這些物品證明了哥倫比亞前期的工藝。還有一個哥倫布前墳墓的複製品，包含八十八枚黃金物品，這些物品在二十世紀五〇年代在哥斯大黎加東南部的一個香蕉種植園出土。

總之，這回漫遊哥斯大黎加雖是走馬看花，卻也增廣不少見聞。尤其住在五星大酒店裡修心養性，更符合渡假休息的需求。但我如果下回再度拜訪哥斯大黎加，我會選擇住在國家公園附近的旅館，在公園和雨林裡盡情漫遊，多看看當地的野生動物和植物，而不是住在首都聖荷西觀賞人間烟火。這算是不經一事，不長一智吧！

黃金博物館

黃金博物館的展覽

釀旅人37 PE0146

情迷大溪地

作　　者	周芬娜
責任編輯	陳慈蓉
圖文排版	楊家齊
封面設計	葉力安

出版策劃	釀出版
製作發行	秀威資訊科技股份有限公司 114 台北市內湖區瑞光路76巷65號1樓 電話：+886-2-2796-3638　傳真：+886-2-2796-1377 服務信箱：service@showwe.com.tw http://www.showwe.com.tw
郵政劃撥	19563868　戶名：秀威資訊科技股份有限公司
展售門市	國家書店【松江門市】 104 台北市中山區松江路209號1樓 電話：+886-2-2518-0207　傳真：+886-2-2518-0778
網路訂購	秀威網路書店：https://store.showwe.tw 國家網路書店：https://www.govbooks.com.tw
法律顧問	毛國樑　律師
總 經 銷	聯合發行股份有限公司 231新北市新店區寶橋路235巷6弄6號4F 電話：+886-2-2917-8022　傳真：+886-2-2915-6275

出版日期	2018年6月　BOD一版
定　　價	360元

Printed in Taiwan

國家圖書館出版品預行編目

情迷大溪地 / 周芬娜著. -- 一版. -- 臺北市 : 釀出版,
2018.07
面； 公分. -- (釀旅人 ; 37)
BOD版
ISBN 978-986-445-259-0(平裝)

1. 旅遊文學 2. 飲食風俗 3. 世界地理

719 107007248

讀者回函卡

感謝您購買本書，為提升服務品質，請填妥以下資料，將讀者回函卡直接寄回或傳真本公司，收到您的寶貴意見後，我們會收藏記錄及檢討，謝謝！如您需要了解本公司最新出版書目、購書優惠或企劃活動，歡迎您上網查詢或下載相關資料：http:// www.showwe.com.tw

您購買的書名：________________________________

出生日期：________年________月________日

學歷：□高中（含）以下　□大專　□研究所（含）以上

職業：□製造業　□金融業　□資訊業　□軍警　□傳播業　□自由業

□服務業　□公務員　□教職　□學生　□家管　□其它________

購書地點：□網路書店　□實體書店　□書展　□郵購　□贈閱　□其他

您從何得知本書的消息？

□網路書店　□實體書店　□網路搜尋　□電子報　□書訊　□雜誌

□傳播媒體　□親友推薦　□網站推薦　□部落格　□其他________

您對本書的評價：（請填代號　1.非常滿意　2.滿意　3.尚可　4.再改進）

封面設計____　版面編排____　內容____　文／譯筆____　價格____

讀完書後您覺得：

□很有收穫　□有收穫　□收穫不多　□沒收穫

對我們的建議：________________________________

____

____

____

請貼
郵票

11466
台北市內湖區瑞光路 76 巷 65 號 1 樓

秀威資訊科技股份有限公司 收

BOD 數位出版事業部

(請沿線對折寄回,謝謝!)

姓　　名:____________ 年齡:________ 性別:□女　□男

郵遞區號:□□□□□

地　　址:______________________________

聯絡電話:(日)____________ (夜)____________

E-mail:______________________________